吉首大学校园文化品牌丛书

编委会主任 ◉ 游　俊　白晋湘
总　策　划 ◉ 黎奇升　李　超

# 立人读书沙龙

（2015年卷）　LIREN DUSHU SHALONG
　　　　　　　2015 NIAN JUAN

主编 ◉ 胡建文

西南交通大学出版社
·成都·

图书在版编目（CIP）数据

立人读书沙龙. 2015年卷 / 胡建文主编. —成都：西南交通大学出版社，2016.8
（吉首大学校园文化品牌丛书）
ISBN 978-7-5643-4985-1

Ⅰ. ①立… Ⅱ. ①胡… Ⅲ. ①读书活动–湖南省–文集 Ⅳ. ①G252.17-53

中国版本图书馆 CIP 数据核字（2016）第 210066 号

吉首大学校园文化品牌丛书

**立人读书沙龙**
（2015年卷）

胡建文　主编

责任编辑　郭发仔
特邀编辑　刘　婉
封面设计　何东琳设计工作室

| | | | |
|---|---|---|---|
| 印张 | 13.75　字数　204千 | 出版发行 | 西南交通大学出版社 |
| 成品尺寸 | 170 mm × 230 mm | 网址 | http://www.xnjdcbs.com |
| 版本 | 2016年8月第1版 | 地址 | 四川省成都市二环路北一段111号<br>西南交通大学创新大厦21楼 |
| 印次 | 2016年8月第1次 | 邮政编码 | 610031 |
| 印刷 | 四川煤田地质制图印刷厂 | 发行部电话 | 028-87600564　028-87600533 |
| 书号： | ISBN 978-7-5643-4985-1 | 定价： | 48.00元 |

图书如有印装质量问题　本社负责退换
版权所有　盗版必究　举报电话：028-87600562

# 湘西文化地标——立人读书沙龙
## （代序）

几年前，受学校委托，我组织并担任了"立人"教育体系的起草工作。这是学校形象建设大系统中的一个重要环节。由这个体系形成的小册子出来以后得到了广大师生员工和校外专家、学者的认可。

几十年来，中国大学在知识传授方面无可非议，可是，在知识创新方面就不尽如人意。这仅仅只是从大学教育功能的一个方面来看。从人的全面发展来看，缺失就更多了。当前大学的病态集中表现为"技能化、市场化、功利化和实用化主导一切，效益统揽一切，盲目跟从潮流"（《大学沉思录》，丁东等主编）。大学成了学生纵情喧嚣的名利场，而不是静心修性的洗心地。诸多教育家和社会人士已经开始反思我们的教育问题。高分低能、高校低质且不说，最大的失误还在于情怀、意志、品格、素养、理想等养成方面严重缺失。即便是思想品德教育，也常常流于口号，毁于教条，不接地气，空洞乏味。古今中外对教育功能的论述汗牛充栋，其中教育最大之功能就是"育人"，通过"育人"使人得到全面发展。韩愈的"传道、授业、解惑"已经说得非常清楚。道者，真理、道理也。这里既包含万事万物的客观规律，也包含社会人生应该遵循的各种基本理念、价值观、审美观和人生观。甚至还包括人格、意志、精神等方面的建构。可是，这一切在急功近利的风潮中被冲击得一塌糊涂。

在国外，从苏格拉底的大学理念到雅斯贝斯的大学理念，都有一根主线贯穿其中，那就是人的自由思想之获得、自由精神之建构，以及仁爱之心、宽容之怀、奋斗之志、坚强之意的培植和养成。不以一得为意，而求一世之和谐全面发展。

胡建文主持的"立人读书沙龙"正是秉承学校立人教育的主旨，聘请各方导师，为学生开办的提升思想品德和提高视野心胸的"思想集散地"。

两年来，"立人读书沙龙"共举办了28期。讲座内容丰富生动，既有对"忠孝仁义"传统文化的解读，也有"互联网思维"新思潮的传布；既有对文学类诗歌、小说、散文和戏剧的品尝，也有对政治、经济、文化的学术探讨；既有关于人生社会入世的现实经验交锋，也有哲学玄思妙想出世的心灵愉悦。读书沙龙成了吉首大学最具魅力的精神思想高地。

在这里，所有人都放下了喧嚣浮躁，撇去了急功近利，放松了被"目的"绷紧的神经，获得一种"禅定"般的定力，漫游在思想的河床上。如此妙境，便是大学境界，是孔子所言"如坐春风化雨"中的化境。

如此下去，心灵便可在更加柔韧的天地拓展，思想也可拥有天空般宽广的境地。意志、格调、境界和理想虽不能养成于朝夕，但滴水穿石般的一点点提升，一定可以汇聚成浩瀚人格。

一个沙龙，在一所地方大学坚韧地运行了两年，她就像一朵开在深山里的茶花，香溢群山，芳菲万里。

祝福她常开不败，沁脾入心，涵养天下英才。

**张建永**

（作者为吉首大学原正校级督导，吉首大学文学院教授，著名文艺美学家、文化创意学者）

# 目　录

## 第一辑　特别推荐

青春作伴……………………………………张建永　　3

## 第二辑　读书讲义

读《论语》，悟人生……………………………唐生周　55
话语的表达………………………………………覃新菊　63
读卢梭的《漫步遐思录》………………………陈　伟　79
读书与做人………………………………………戴林富　85
余秀华和她的诗歌………………………………刘　年　91
历史是一条河……………………………………向成国　94
海子其人其诗……………………………………谭五昌　101

## 第三辑　名师访谈

读书是大学生的使命 ……………………………… 瞿愉寒　111
谭五昌：海子的精神知音 ………………………………………　114

## 第四辑　证文佳作

窗前明月枕边书 …………………………………… 石慧琳　127
书香墨韵绕指尖 …………………………………… 唐　娇　130
世界的意义不在世界中 …………………………… 张达伟　132
写给"立人"读书沙龙的情书 …………………… 李海姣　136
书香素默，岁月安然 ……………………………… 胡　湘　138
读书，让生活成诗 ………………………………… 张　欣　140
同　行 ……………………………………………… 胡　颖　142
在书香中品味深刻 ………………………………… 孙立青　145
愿美景能与良辰同在 ……………………………… 蒋诗涵　147
灯下草虫鸣 ………………………………………… 刘　斌　149

## 第五辑　沙龙回眸

田茂军教授作客首期立人读书沙龙谈读书 ……………………　155

唐生周教授主讲"读《论语》，悟人生" ………………………… 156
孟娟教授传授快乐与幸福的秘诀 …………………………………… 157
品读"自然之子，心灵之师"沈从文 ……………………………… 158
覃新菊教授谈"话语的表达" ……………………………………… 160
陈伟博士解读《一个孤独漫步者的遐想》………………………… 161
简功友博士畅谈"诗意的生活" …………………………………… 162
戴林富研究员指导"读书与做人" ………………………………… 163
张建永教授谈"如何跟上互联网时代的节奏" …………………… 164
"立人"读书沙龙走进黄永玉艺术博物馆 ………………………… 166
胡炳章教授谈"民族历史的文学叙事" …………………………… 168
罗康隆教授谈"文化的变迁" ……………………………………… 169
余秀华、刘年"穿过大半个中国"来湘西 ……………………… 171
吴晓博士漫谈乡土中国之传统与现代 …………………………… 174
历史是一条河 ………………………………………………………… 176
刘泰然带书友们走进"美的历程" ………………………………… 179
张建永教授谈"沈从文与丁玲的恩怨" …………………………… 180
刘仁贵博士解密"人生何以安顿" ………………………………… 181
赵敏教授讲述"中国经学传统" …………………………………… 182
著名诗评家谭五昌教授、诗人刘大兴先生走进我校 …………… 183
田涌、毛光辉先生做客立人读书沙龙谈《城殇》……………… 187
袁云初副教授纵论"大国兴衰" …………………………………… 189
张小林博士谈"触摸山水的侠骨与柔情" ………………………… 192
覃新菊教授谈"先锋的沉寂与盛放" ……………………………… 193

## 第六辑　沙龙反响

读书修德立贤人……………………………………………197
吉首大学"立人"读书沙龙：浮躁时代中听读书的声音………张　欣　208

立人读书沙龙（2015年卷）

# 第一辑 特别推荐

　　沈从文是一个古道热肠，有着正义、正直、义薄云天情怀的，追求国家民族进步的伟大作家。丁玲一生坎坷，在与国民党的斗争中，失去丈夫，坐过监狱，颠沛流离，但是革命意志没有丝毫减损，是一个可圈可点的革命世纪老人。

　　愿他们在天国能够像20世纪二三十年代结成的友谊那样活着。

——张建永

# 青春作伴

## ——沈从文与丁玲的故事

◎ 张建永

## 一、京城小将

在徐志摩大力抬举沈从文之前,其实还有一个当时没有什么名气,但是正在编刊物的青年,给予了沈从文从事创作的信心。这个人就是后来成为左翼作家的胡也频。在见到他之前,沈从文主要在《晨报副刊》发表了《公寓中》《一封未曾付邮的信》《遥夜》《三贝先生家训》等作品。这些作品无论是质量还是数量都令人汗颜,顶多也只是万里长征迈开了小小一步,前路究竟怎样,还未可知。饥寒交迫依然在威胁这个湘西人。他一边在展开梦想的翅膀,不停地进行创作;一边也在考虑生计问题,填饱肚子成了一个绕不开的大问题。再去当兵肯定是不行的,必须在北京待下来等待时机。那么学什么手艺呢?这倒是十分苦恼的事。在湘西,他除了能够看点书,把枪打响之外,别无长技。他想到家乡比较时兴的照相馆,像变魔术一样,能够将人的像从活人身上拓下来。能不能学一学这个?他在报纸广告中发现了照相制版学校招生的广告,大学进不了,进这个学校学学手艺,先保证活下来,半工半读也是个好办法。

正想到这里,门外有人敲门,他以为是大学那帮朋友。开门一看,门口站着两位和自己一样年轻的朋友。其中一位颇为英俊。他问道:

"你就是沈从文先生?"

"你们是……"

"我们是《京报民众文艺》的编辑,我叫胡也频,他叫项拙。"

"啊,没想到是你们,里面坐。"沈从文看到这么年轻的编辑,心想这倒是怪事,他们怎么到我这里来。

一进屋，胡也频就说：

"你上次投寄给我们的《狂人书简》今天发表了，我们专门给你带来了，你看看。"

三月的北京依然寒冷，天空还是灰蒙蒙的。听到这个消息，沈从文心情好得仿佛看到了灿烂的阳光。他接过散发着墨香的刊物，欣喜若狂地仔细看起来。

"不知道我们可不可以坐下来？"胡也频调侃地说。

"啊，对不起，只顾自己高兴了。"他赶忙搬过椅子说，"你们坐，我打点开水来。"

这一坐下来，三个羁旅天涯的年轻人因命运和共同的爱好，一聊就是大半天。从他们的谈话中，沈从文知道胡也频是福建福州人，曾在烟台海军预备学校读书。后来学校解散，这个海军学生就漂流到北京，当时他叫胡崇轩。三个年轻朋友都怀有一份理想，像一片树叶一样，随风飘落在古老的北京城，相同的年龄，几乎相同的命运和爱好，使得他们在冰冷的异乡，找到能够给心灵互相取暖的同伴。第二天，他们又来到沈从文住地，呼吸着北方的冷空气，喝着从隔壁水房打来的白开水，文学、故乡、朋友、新闻等一切碰到嘴边的话题，都被他们展开，轰轰烈烈地讨论下去。沈从文从胡也频的谈话中，感受到这个福建海军学生身上一股真纯、果敢、热情的青春气息。虽然两人性格差异很大，但是沈从文非常喜欢这种执着较劲、快乐认真的青年伙伴。他的性格与湘西伙伴有很大区别。湘西人与外地人相比相对内敛、含蓄，不善于主动表露感情和观点。胡也频的个性和他正好形成了互补，加上他们在很多问题上情投意合，青春作伴使孤独的沈从文在北京找到了友情依托。仅仅一个星期，一个现代文学史上最著名的会面发生了。三个当事人在那时怎么也无法想象的现代文学史上伟大作家之间最大的悲喜剧就此拉开了序幕。

那天，沈从文正坐在书房创作，倦意袭身，他向后仰仰身子，舒展下筋骨，目光从书案抬起穿过窗棂，看见庭院里一片残雪。突然，胡也频熟悉的声音从大门外传来：

"从文，从文，来客啦！"

沈从文以为又是他和项拙，还没回过神，胡也频已经推门走进房间，他身后站着一位姑娘，圆圆的脸，短发，穿一件灰布衣服和一条短短的青色绸类裙子，不说话，只是靠在门边，微笑看着沈从文。对女人，沈从文毫无经验，他赶忙站起来，直率地问道：

"你姓什么？"

"我姓丁。"

"进屋坐吧。也频，对不起，你坐床上，只有一张椅子，女士坐吧。"沈从文一边让座一边想："一个胖子，怎么姓丁？真好笑。"他心里为自己这个幽默的想法得意了一阵。

有缘的是，从谈话中，沈从文得知丁玲就是湖南人，而且还是湖南湘西北常德临澧（原安福县）人。不仅如此，他们之间多少还有一点关系。沈从文在异乡见到朋友带来的女士竟然是自己的老乡，一时间非常开心，这个不太爱说话的湘西人和很能说话的湘西北人的话匣子打开了，乡亲之间的热乎竟然把丁玲带来的胡也频扎扎实实地晾在了一边。

"安福县啊，我有一个当兵的哥哥曾经在那里驻扎过一夜，好像是住在一个蒋姓大家族的院子里。"

"哈哈，我就姓蒋。你哥哥住的是哪一家？"

"不知道，反正好像是住在他家一个小姐的闺房里。墙上有一张赵子昂的白马图。"

"天哪，那就是我伯父家！那张画是他的心头宝贝呢！"丁玲惊讶地笑着说。

"真没想到，下次我要给大哥说说，说我见到蒋家大小姐了！"

"呸！"丁玲含笑嗔怪地说，"我不是什么大小姐！我就是一个学生。父亲去世后，我很小就随母亲到桃源，我读师范，在那里认识了你们一个凤凰人，叫杨光蕙。"

"慢慢慢，杨光蕙？"沈从文惊讶地问道。

"怎么啦，就是杨光蕙，你认识？"

"岂止认识，我在湘西当兵时，驻扎在常德，我一个表弟爱上她了，我当信使，来回从常德到桃源给他们传递情书，不知道跑了好多次。现在，她成了我的表嫂。"

一年多来，北京古都的漂泊生活，使得沈从文对故乡的回忆一直被严酷的现实挤压到梦的底层，很少能够浮上意识层面。这次老乡见老乡，而且是有多重关系的老乡，对故乡的记忆一下子像决口的大堤，激荡起来，骤然间拉近了他们的心理距离。家乡熟悉的口音、熟悉的人事、熟悉的感情表达方式，使他们的亲近程度超过了胡也频。这个海军学生一时插不上话，只好在旁边饶有兴味地看着这两个湖南老乡热烈地聊天。由于方言的原因，很多话他根本听不懂，只好在旁边一会儿装着看书，一会儿装着倾听。

当时这三个热烈交谈的年轻人，怎么也不会想到他们的这次相识，其中的两个人竟然演绎了现代文学史上最感人的生死之交和纠缠不清的隔阂和怨愤。

准确地讲，丁玲出生在常德临澧县沃沙黑胡子冲，与沈从文同属武陵山脉湘西区域的人。丁玲原名蒋伟，字冰之。祖辈四代在清朝为官，其父蒋保黔曾留学日本，母亲余曼贞出身书香。蒋保黔这个留日学生，是一个有着开明思想的大公子，身上充溢着名士派头，洒脱大方，性格豪爽。最为典型的是，他平生极喜骏马。虽不善骑，但好遛马。他常常穿着马服，手执马鞭，由家中马夫牵引，在城外官道上遛马。凡见到有人赞马，他就与人形同故人一样聊开了。但凡这人还懂骑术，他一定劝人上马跑几圈，尚或有人懂相马，他竟然会将此马赠与这人，而且会异常快乐。这种做派，余曼贞虽然不赞成，但是也没有激烈反对过。丁玲父亲的这种洒脱、豪放、真诚甚至天真的性格"十年后依然可以从丁玲女士的性格中发现，成为她一生美丽特征之一"[①]。

丁玲的母亲也是一位非凡人物。在丈夫死后，她表现出担当大事的禀赋、眼光、视野、胸襟和胆魄，在当时封建意识极为浓厚的社会显得鹤立鸡群。在1901年，常德女子师范学校刚刚诞生，她就带着六岁的女儿丁玲进校读书，母亲读师范班，女儿读幼稚班。第二年，余曼贞考上长沙省立第一师范，丁玲又随母亲赴长沙读书。那时，女人读书本身就很稀奇，母女同校读书更是件轰动社会的大事，很多人还常常跑到学校偷看她们母女读书的情形。不仅如此，这件事还为世风所不容忍，一些人包括亲戚都在背后议论，说什么一个青年寡妇抛头露面，拖儿带女读书成何体统。但是，余曼贞不管这一套，她我行我素，不仅发愤读书，还广交朋友，常常带一大帮同学到家里来，指点江山，

---

[①] 沈从文：《记丁玲》//《沈从文全集》第13卷，北岳文艺出版社2002年版，第56页。

议论时政。余曼贞的同校好友，后来成为革命烈士的向警予曾对丁玲说过："你母亲是一个非凡的人，是一个有理想、有毅力的妇女，她非常困苦，她为环境所囿，不易有大作为，她是把全部希望寄托在你身上的。"[①] 在这种家庭影响下，丁玲母亲身上那种敢想、敢说、敢做，敢鄙视一切恶势力、敢接受一切新事物的性格特点，潜移默化到她身上。可以这样说，父亲和母亲作为接受新思想较早较多的地方名流，他们的见识、行为、性格和思想对丁玲性格的形成产生了极大影响。

正是有这样的母亲，才有丁玲的第一次自由。在她很小的时候，祖母就决定给她定下一门婚事。在丁玲逐渐长大后，她和母亲共同努力，冲破了家族的阻挠，摆脱了这门婚事，与他舅舅家的大表哥解除了婚约。1922年2月底，重获自由身的丁玲与同学王剑虹一同奔赴上海，进入平民女子学校高级班读书。这所学校是陈独秀与李达创办的中国共产党培养女干部的第一所学校。在这里，她知道了马克思主义、无政府主义以及其他一些"主义"。尽管这时候的丁玲对共产主义没有太多认识，但是这种思想作为一种精神因子已经开始潜入她的灵魂深处。

不久，她和王剑虹结识了共产党的重要人物瞿秋白。她们为他冷峻、机警、沉稳、雄辩和博学多才所折服，建立了亦师亦友的亲密关系。不久，丁玲和王剑虹来到上海就读上海大学。这所大学是国民政府创办的，当时国共关系尚好，国共两党精英出任教员，一时天下俊杰云集。中国历史上一些声名赫赫的大人物，如李大钊、蔡和森、邓中夏、瞿秋白、恽代英、张太雷、萧楚女、戴季陶、汪精卫、吴稚晖、叶楚伧以及胡适、杨杏佛、陈望道、邵力子、田汉、沈雁冰、周建人等，都在这里传播思想、知识，留下激情和担当精神。在这种氛围里，由于她们和瞿秋白有过一段亲密接触，现在他们几乎朝夕相处，课堂上、校园里、马路边、寓所中，他们一起散步、畅游、促膝相谈，瞿秋白给这两个女孩传授了更多东西，什么希腊、罗马、文艺复兴、工业革命、唐诗、宋词、元曲……为了帮助他们读懂普希金的作品，他还教她们俄语。在无数个日日夜夜的接触中，瞿秋白开始爱上其中的一个女孩，这个人就是王剑虹。面对这种变故，三人那种亲密无间的气氛发生了微妙变化。尽管丁玲为女友的爱情感到高兴，但是，当他们结婚居住在一起的时候，客观上还是把

---

① 丁玲：《向警予烈士给我的影响》//《丁玲近作》，四川人民出版社1980年版。

丁玲推到孤独的境地。思想上那种快乐而有意义的三人行戛然而止，单飞的寂寞使得丁玲无法再在上海待下去，她借口北京有同学相邀离开了上海。离开那天，关系如此亲密的闺中好友王剑虹和亦师亦友的瞿秋白竟然没有来送行。他们就住在楼上，到了丁玲要走的时候，大门还是紧紧闭着。无奈中，丁玲带着简单的行李像一只孤雁独自出门。此时此刻，不知道她是否想听到他们开门下楼的声音，但是可以想象到的是，丁玲一定是异常孤独地离开了上海。丁言昭的《丁玲传》中有一段很有意思的描述[1]：

> 不知为什么，丁玲走的那天，瞿秋白和王剑虹竟没有送她，连房门都没有踏出一步，是怕离别的泪水湿衣襟，还是觉得愧对丁玲？无法解释。在这儿恐怕要引用一下郑超麟的回忆了。1924年秋，郑超麟刚回国，就听到施存统、王一知、彭述之等很多朋友说："冰之和王剑虹同时追求瞿秋白，结果王剑虹胜利了，冰之，也就是丁玲，一气之下就离开了上海。"

现在没有任何证据证明当时丁玲参与了这场爱的竞争，但是可以肯定地说，他们的友谊超乎一般。当一对成为夫妻之后，另一个单飞的心灵自然会寂寞袭身，而摆脱寂寞的最好办法就是一走了之。

来到北京，丁玲寄住在西城劈柴胡同的一个补习学校里，在这里她认识了胡也频。一场充满激情的革命之恋就此展开。此时的胡也频正值青春期，浪漫的性格，澎湃的激情，使他对丁玲一见钟情。他这样表达自己初次见到丁玲时的感觉[2]：

> 昨天晚上，在老项（项拙）一个同乡房里吃饭。有一个女的我马上爱上了。高兴得不得了。当时竟喝醉。今天早晨起来，打算去看她，便问老项那位同乡，她住在什么地方。据说：她已于今早搭车回湖南去了。我现在马上赶她去。就搭今天晚上的车走。你赶快出去代我活动二十元钱罢！我还要再想办法去。你弄到钱，到老项那里等我。

这段记述在时间上很可能有误。因为在沈从文的记述中，他们第一

---

[1] 丁言昭：《丁玲传》，复旦大学出版社2011年版，第11页。
[2] 艾云：《鲁迅所关怀的丁玲——鲁迅全集研究拾遗》，《新华日报》，1933-07-22。

次见面几天之后，胡也频就带丁玲来看过他。那时交通很不方便，不可能几天就在北京和湖南之间打个来回。但是，有一点是可以肯定的，那就是胡也频对丁玲着迷的程度已经深入骨髓。沈从文描述中的胡也频像一个大男孩："好像离开女人，成天单是写诗，这热情还是在血中发热发酵不能抑止。"[①] 当时的丁玲，恰逢情绪低落，幽怨和青春集合在一个少女身上，更显出一种诱人的魅力。胡也频简直无法控制自己汹涌而至的爱潮。可是，此时的丁玲却还没有从三人行的离异中走出来，自然一时无法接受胡也频传递过来的火热激情。特别是在她离开上海一年左右之后，好友王剑虹病死，瞿秋白不到四个月又迎娶了上海大学学生杨之华。种种变故，弄得丁玲心情非常复杂。她喜欢胡也频，但谈不上爱。她认为胡也频"勇敢、热烈、执拗、乐观和贫困都惊异了我"。他"有些简单，有些蒙昧，有些稚嫩"。[②] 在这种关系中，丁玲选择了回避，她突然不辞而别，回湖南去了。这下急坏了这个海军学生。他身上汹涌澎湃的爱潮无处倾泻，朋友们的劝告像海浪一样来势汹汹，但是全被这个海军学生痴迷成礁石般的执着顽固地粉碎了。没有盘缠，他只好向朋友借钱，怀着火热的激情和期盼，向着他从未到过的湖南匆匆奔去。

这一去就是半年之久。沈从文这个怀揣着远大理想的湘西人，一个人沉静地在香山熊家各种纠结中，做着作家梦。直到中秋节那天，他在香山图书馆大楼桌子上看到有人留下了一张便条，上面写着：

休：你愿意在今天见见两个朋友时，就到碧云寺下边大街×××号来找我们。我们是你熟悉的人。

在香山，沈从文一直处于郁闷和纠结之中。熊家这个远房亲戚虽然已经不再是国务总理，但辉煌的家世和社会影响力阻隔了沈从文与他们的深入交往，香山成为自尊心被挤压的地方。这时候朋友的邀请抵得上千金家书，不管是谁，他都会急匆匆赶往山下去。

在一所院子的枣树旁，他一眼见到离别了半年之久的海军学生。他高兴地握住他的手，马上从海军学生的手上感到一种反馈过来的力，他

---

① 沈从文：《记胡也频》//《沈从文全集》第13卷，北岳文艺出版社2002年版，第21页。
② 丁玲：《一个真实人的一生——记胡也频》//《胡也频选集》，福建人民出版社1981年版。

被这种力轻轻地捏了两下，只听他轻声说：

"有客来了，你猜猜是谁？"语气中明显带有抑制不住的幸福感。

一进屋，沈从文马上明白了。他看到丁玲"有着新妇样的腼腆的光辉"。屋里虽然简陋，只有一张藤椅、一张床，但是一个煤油炉子正在咕咕作响，显然正煨着什么，看起来这是一个"家"。情况很清楚，他们同居了。沈从文很为朋友高兴，他们围着炉子聊开了，后来又从屋里聊到屋外。他们在月光下，慢慢向山上走去，在香山静宜园"见心斋"水池边，坐在一艘无桨无舵的小船上，一边漂一边聊。三颗年轻的心，在异乡顶着同一个月亮，呼吸着沁人心脾的松风雾气，情感纯洁如透明的山泉，贯穿三人的灵魂。

三个青年就在北京香山住下来了。沈从文和胡也频两人发奋写作。沈从文的《集市》《致唯刚先生》《代狗》《福生》等作品接二连三地发表出来。林宰平发表了《大学与学生》，充分肯定了沈从文的写作水平，徐志摩还专门就他的《集市》写了评论。这个时候丁玲还是一个局外人，每天除了读读书，个人独自出去散步，就是坐在桌子边，歪着头微笑着看他们两人写作。

读累了、走累了、看累了，丁玲有时随手拿过他们刚写好的部分，漫不经心地读起来。无意间她随口发表一些看法，虽轻言细语，随口而出，但常常惊诧了两位自命为作家的人。沈从文这样记述道[①]：

> 在文字方面还并没有显出这个作家的天才时，在批判上却先证明了她某种惊人的长处，业已超过了两个男子。什么作品很好，好处在某一点上，好中小小疏忽处又在某章某段，由她口中说出皆似乎比我们说得中肯。

丁玲的文学天赋包括对文字的敏感、对感觉的把握、对情感的体认都不比这两个作家弱，在有些方面很可能在他们之上。于是，他们在筹办自己的刊物时，不约而同地想到了丁玲。

"不不不，不要把我拉进来，我不想当作家，也不会写文章。我就给你们当个校对吧，就此还可以占便宜，先看你们的文章。哈哈。"丁

---

[①] 沈从文：《记丁玲》//《沈从文全集》第 13 卷，北岳文艺出版社 2002 年版，第 75 页。

玲此时还没有看清自己身上的禀赋，断然拒绝他们的建议。

"你能写的。"海军学生嬉皮笑脸地看着沈从文说，"把你写情书的那支笔拿来写，就足够了。"

"你坏！我什么时候给你写过情书？你说你说，你不能冤枉人啊。写情书是你们男人的专利，你们才是高手！"丁玲极力否定写情书的事情。

"得了，你是没有给我写情书，但是看你的样子，你一定是写情书的高手。"海军学生继续笑嘻嘻地说。

"好啊，你还在造谣，你们刊物的事我不管了！"

沈从文在旁边看着这两个在爱恋中斗嘴的朋友，心中洋溢着为朋友高兴的快乐。

丁玲的文学天赋不久就得到了发挥。海军学生写出新作之后，开始请丁玲看看，丁玲也毫不含糊地进行修改。就这样，他们的爱情又注入了文学的关系。

在香山，三位文学青年的感情在文学这个共同平台上得到了进一步发展。他们互相依靠，互相激励，一起吃饭，一起创作，一起散步，形影不离。很多时候，由于沈从文和丁玲同属湘西，与胡也频相比，他们之间有时候还有更多关于故乡的话题，聊得也更开心。每到这个时候，胡也频总感到被冷落。青年人的敏感有时候也激起了胡也频的猜疑。他以为丁玲对沈从文有了比友情更多一点的东西，便开始装病什么的。不久，他看出丁玲和沈从文之间没有那层关系，情绪又回到原来开心快乐的状态。丁玲和沈从文的对话，只是满足了身在异乡需与人谈家乡聊闲话而已。他们三人的友谊在胡也频辨明情况后得到了进一步发展。他们在香山住了一段时间，又先后搬进北京城，他们字迹相同，形影不离，又常常同住一所公寓，自然引起了别人的猜疑。加之后来他们在北京、上海都曾经住在一起，于是"三角关系"不胫而走。对他们同居的传闻，从丁玲、沈从文和胡也频三人的性格来分析，几乎没有存在的可能。就胡也频而言，这是一个非常勇敢、热烈和纯真的"孩子型"人物，他的激烈性格不可能容忍别人分享他的爱情。这从后来他在丁玲与冯雪峰的关系中所表现出的激烈决绝态度可见一斑。而沈从文当时正处于创作高潮，他的目标非常明确，就是要在文学上干一番事业，初露端倪的成功已经使他心无旁骛，一门心思搞创作。同时，在沈从文看来，丁玲固然非常优秀，但"容易使人忘记她是一个女人"。对丁玲来说，就更不可能了。她身上有一种非常复杂、互相矛盾的性格。她从父母身上继承了敢作敢为的洒脱性格，加上她后天发展的积极参与社会活动和热烈追求梦想的思想，都不可能与沈从文静穆、淡泊、独立和先疑而后决、从实际生活取证的稳健性格相合拍。他们在认识论、世界观上有巨大差异。沈从文从五四以来就一直坚守从人性、文化、审美和广义政治观的角度看问题。而丁玲从小就养成的比较极端大胆的性格特征和她长期接触革命者的那种以斗争为人生哲学的观点，那种在革命斗争中不认输甚至不宽容的性格，都是沈从文不喜欢的。他们的确在生命的因缘际会中，结成超乎常人的友谊。但仅此而已，他们思想观念上的差异既是不可能产生爱情的原因，也是他们后来产生隔阂的原因。正是由于他们思想上有根本的不同，她看沈从文和沈从文看她的态度就完全不一样。沈从文是一个自由主义者，追求民主自由，天性的宽容加上自由主义观本身的宽容性，使得他总是能够比较宽容地对待丁玲。但丁玲不同，她从父母身上特别是从母亲身上继承下来的强势个性，加上她后天从政治革命中获得的斗争坚决性，使得她对人对事比较苛求，"争强好胜"成为她的一大特点。她回忆在左联办《北斗》刊物时的情形就很能说明问题[①]：

> 我虽然缺乏社会经验，但在原则问题上却好争、好斗。"协会"讨论问题时，我总是要举手发言，发表我们左联的见解，……由于我是左联的代表，在会议上总要提出和坚持左联的一些主张，所以同其他方面的人就很少有共同语言。

丁玲在认识沈从文之前，就已经开始接触革命思想。尽管那时她还没有参加共产党，但是，在思想观念上她已深深受到革命意识的浸染。这种浸染越深入，她和沈从文的心理距离就越遥远，她绝不可能把沈从文作为自己的情爱对象。

强势的个性、革命的理念自然使得她对沈从文的评价远远超越了个人关系，强势的个性使她万事总要站在至高无上的位置上来知人论世，革命理想是她判断人好坏的尺度。因此，她与沈从文之间产生了一些隔阂。

---

① 丁言昭：《丁玲传》，复旦大学出版社2011年版，第67页。

他们曾共同居住在汉园公寓。公寓老板的儿子黄伯飞记述过他们三人住在他家公寓时的情形①：

> 我和沈从文所住的房间只是一墙之隔。沈从文的房间是楼房后座二楼左角的一间。我的房间正对着围绕着天井的左边的走廊。沿着左边走廊的两个房间，一间是胡也频的，一间是丁玲的。这两个房间里边彼此相通，他们两个只用靠近楼梯的一个门口出入。

从这里可以看出，所谓三人同居是不存在的。事实是，丁玲和胡也频共居那个两间内部可以相通的房间，沈从文单独住一间。后来，他们住宿的格局基本上是：丁玲、胡也频和丁母住一层，沈从文和自己的母亲、九妹住一层。再后来，胡也频牺牲，沈母回湘西，沈从文的九妹和丁玲住一间，沈从文自己住一间。

可以肯定地说，相似的命运、共同的爱好使他们三人在当时确实建立了非常深厚的、纯真的友爱关系。

当胡也频和丁玲处在热恋高潮时，沈从文的创作也出现井喷势头。1925年，即他到北京的第三个年头，也是他认识胡也频和丁玲的当年，他一口气发表了60多篇小说、诗歌、散文和戏剧，多的时候一天同时有两篇作品见诸报端和杂志，真可谓了不起的奇迹。1926年，沈从文发表了70多篇文学作品。这个时期的作品尽管很不成熟，只是表达了一个乡下人进入都市后所受到的歧视、孤独和由此产生的愤懑不平，但是很多人包括林宰平、徐志摩等这样的大家都看出这个湘西蛮子的笔头有一种他们从未读到的东西。这个时候的沈从文，一方面是在"苦闷的象征"中挥洒自己的才情和批判反抗精神，一方面是为生计而焚膏继晷地写作。用他自己的话来讲，他是中国第一个靠稿费生存的"职业作家"。

他和胡也频的创作之梦没有因为他们的勤奋而得到实现。那时，他们的稿件难以刊发，即使刊发了，稿酬也极低。他们的想象和努力的成果往往要被出版商拿去很大一部分。就是归在他们名下的稿酬，也不能够马上拿到，因此他们总是想办一份自己的刊物。他们常常像小孩子一样，在苦难的日子里，畅想他们突然有一天有了自己的刊物，于是他们

---

① 李辉：《沈从文与丁玲》，湖北人民出版社2005年版，第16页。

三人都拼命写作。然后，胡也频出外联系印刷，丁玲当会计搞收发等。尽管一个个白日梦都被现实击碎，但是，畅想仍给他们带来了快乐。

由于受到胡也频和沈从文的影响，加之太多的寂寥和虚空，丁玲开始了创作，而且出手不凡。第一篇小说《梦珂》在1927年《小说月报》上一经发表，就得到了主编叶圣陶的赞赏。他在给丁玲的回信中特别强调："还有文章没有？有多少寄多少给我。"① 同年，她的成名作《莎菲女士的日记》问世。从这一年起，他们三个才真正称得上是志同道合的文学青年。也是从这一年起，中国现代文学史上诞生了一位伟大的湘籍女作家。

这三个勤奋的青年，每天都在伏案写作。那种创造的快乐，使他们的友谊被赋予更为实在的意义。

## 二、文坛剑客

他们的友谊继续在北方这座古都里发酵。

但是，渐渐地，沈从文感到了一种不安。这种不安来自胡也频和丁玲对当时政治斗争的介入。作为挚友，沈从文深深表达了他的忧虑和不安②：

> 听到她那种坦白到可惊的叙述，真令我又愁又喜。喜的是两人在半年中为一个新的理想所倾心，已使两人完全变了一种样子；愁的是两人所知道中国的情形还那么少、那么窄。一份新的生活固然使两人雄强单纯，显得十分可爱，然而过分固执懵懂处，也就正蕴蓄在那种生活态度之中。……我以为凡做一件事情，固然应当认识"可以去做"的真理，但同时也就必须明白的"无法去做"的麻烦，所做的事若果同社会制度组织有关，对于这个社会制度会组织下一切的现象不能弄得清清楚楚，岂不是陡然白做牺牲？革命事业在知识分子工作中，需要理智的机会，似乎比需要感情机会更多，两人的信仰唯建立于

---

① 庄钟庆、孙立川：《丁玲同志问答录》，《新文学史料》，1991（3）。
② 沈从文：《记丁玲》//《沈从文全集》第13卷，北岳文艺出版社2002年版，第136-137页。

租界地内观听所及以及其他某方面难于置信的报告统计文件中，真使人发愁以外还稍微觉得可怜可悯。

沈从文作为一个有着丰富社会经验，特别是对残酷杀戮有最清晰认识的人，非常担心胡也频和丁玲的处境。在家乡，他就见过一些进步青年被无辜砍头的事实。同时，他始终认为他们来北京是参加文学革命的，从事这项工作，需要的不是风风火火、抛头露面，而是沉静冷峻、埋首苦干。应该说，这个时候沈从文还不知道胡也频和丁玲已经秘密参加了党的工作。他们三人在对待世界的认识上出现了差异，那种最纯洁的朋友关系由于观念的不同，也开始发生变化。对胡也频来讲，他非常希望他的这个湖南朋友能够和他一道走上政治革命的道路，他们在一起常常为此事产生争论，但是互相都难以说服对方。丁玲在胡也频的影响之下，加上她骨子里本身就存在着的一种躁动，一种倾向于冲破牢笼的思想情绪得到催熟发酵，与沈从文的思想距离也越来越大。而沈从文则始终站在他们起初的原则立场上，毫不动摇地认为，他们应该安下心来，在文学革命事业上专心创作，用作品代替行动，为国家民族事业图发展。同时，他从安全的角度出发，为朋友的安危捏着一把汗。于是，这三个文学青年之间经常展开这样的心灵对话：

"也频，你可以多做一些社会工作，但是，丁玲的文笔很好，感觉非常细腻，她应该更适合创作，为什么不要她多写作？作品不也是能够唤醒民众的吗？"沈从文如是说。

"休，你说的全是空话，同你做文章差不多！在我看来，你所受的苦全是你自己想象的。你想得比别人多，比别人都危险，但是，也显得比别人更少不更事。你想的都不是你要做到的或你能做到的，干嘛不想一点比文章还切实一点的事情？"胡也频如是说。

"休，你太胆小了。想得太多，什么都想的那么周全，我们什么事情都不能做了。我认为，只有把目前能做好的做好，个人牺牲不足道。现在我们正在创造历史。你不要为我们担心。"丁玲如是说。

"这不是胆小不胆小的事。我是怕你们做无谓的牺牲。那些政客军阀什么事情做不出来？你们待在租界待在自己幻想之中，不知道社会的残酷。我赞成你们的想法，这个社会的确需要改变，但是改变有很多方法。我们都有一杆笔，这支笔自五四以来，就像投枪和匕首，能够直刺反动腐朽的东西，能够唤醒民众，能够重造国家和民族。"沈从文如是说。

"你那是逃避。你怎么既反对统治阶级,又极力想靠近他们,走进上流社会?你和新月社、现代评论派有那么深厚的友谊,始终羡慕绅士阶级,我们本质上有很大的区别。"丁玲如是说。

"你一说话就进行道德判断,这是老习惯了,很不好。我从来没有妄猜你和也频的道德动机,也从不在道德高度贬低你们。我非常欣赏你们革命的勇气和向上的精神。只是我以为,你们都有一支非常优秀的笔,这个战场很需要你们。至于你所说的我想上爬,想靠近绅士阶级,那不是我的性格,我只认同美好的、善良的、健康的、有利于国家民族进步的东西。"沈从文如是说。

分歧已经出现,但是,艰苦命运结成的友谊,使得他们都小心翼翼地维护着这份难得的情谊。每次出现对立观点时,双方都只点到为止,唯恐破坏了他们"三人行"的精神境界。这与几十年后丁玲对沈从文进行批评的风格完全不同。

实际上,丁玲身上有双重人格:一方面,她从母亲身上继承了泼辣炽烈、敢想敢干的阳刚之气;另一方面,她又有比一般女人更为细腻敏锐、多愁善感的阴柔之气。这一点可以从她给胡也频的信中见出一斑[①]:

> 想起有时候当你睡熟,而我细审你的酣态时所低低在心里叫着的'美美'来,便仿佛你还在我的身边一样,而且仿佛你也正叫着我似的。然而别离是证实了,我们还要许多日子后才能再互相紧紧拥着而换(唤)着只有我俩才知道的一切迷人的名字。爱!到底是希望时间快点跑呢,还是希望慢点,好让我们多做一点事?

这种缱绻缠绵与前面那种男性化的刚烈相比有着天渊之别。但是,它们都混杂在丁玲的性格之中。很显然,前者是革命家的潜质,可以义无反顾地干轰轰烈烈的军国大事;后者则是艺术家的潜质,可以成就伟大的文学事业。这两者无论从哪个方面发展,都会大有可为。只可惜的是,这两者常常纠结在一起,同时在丁玲身上发挥作用,使得她在两条路上都走得磕磕绊绊。

---

① 丁玲:《给胡也频的信》//张均编:《现代名人书信》,上海合众书店1937年版。转引自丁言昭:《丁玲传》,复旦大学出版社2011年版,第37页。

在情感上，不说那些是不是实际上进入她自己认可的"恋爱状态"的人，在有据可查的情感生活上，她曾"依恋"（不是爱过）过瞿秋白和他的弟弟，真诚地爱过胡也频。但是即便在与胡也频热恋的当口，她的情感也曾对另一个人开放过。

当时胡也频和她为了学好日语，专门请了一个老师。这个老师就是后来大名鼎鼎的左翼领导人、著名文艺理论家冯雪峰。令人不可思议的是，他们在仅仅上了一堂日语课后，丁玲就感到不能再上下去了。"但教了一天，他不教了，我也不学了。"[①]她完全被眼前这个长得丑陋的男人所征服了。她怎么也没想到，这个第一眼看上去就长得很丑的男人会如此吸引她，使得她情不自禁将他拿来和胡也频进行比较。在他面前，胡也频几乎就是一个任性的小男孩，充满激情，但是少不更事；而眼前这个男人，语音沉稳，思想锋利，知识渊博，厚重如山。这正是丁玲情感上需要的东西。她激情的一面虽需要热烈的爱情来享用，但是内心高远的追求和深刻的孤独感则更需要一个厚重如山的思想巨人来依靠。命运自然选择了冯雪峰。

一个成熟男人的胸怀很快就击败了孩子气的胡也频。丁、胡之间在感情上出现了裂痕。

这个时候，正踌躇满志的沈从文已经随文化中心南移而来到上海，刚刚立足不久，胡也频和丁玲就接踵而至。刚到上海的第一天，三人便住在一起。一见面，那种别后重逢的快乐压倒了他们之间的观念裂隙。但是第二天一大早，沈从文就听见他们在争吵。

"我知道你已经不爱我了，你已经爱上别人了。"也频愤怒地说。

"胡说，是你不爱我，你才怀疑我。"丁玲冷冷地接口。

"我就是太信任你了，你才会去找他！"

"你那么多疑自私，还说爱我！"

"我多疑？"也频几乎快气疯了，来回在屋里打转。

"你明知道我去他那里干什么，还这么多疑。"丁玲哭了，她把大衣脱去，把皮夹子里的零钱都倒在床上，"我什么都不要了，什么都不带走，你不要再来找我！"

"好好好，你走你的，我知道你要到哪里去。"也频也不示弱。

---

① 丁玲：《不算情书》//《丁玲文集》第7卷，湖南文艺出版社1991年版。

"是的,我就去找他,怎么样?我爱他,我讨厌你!"

沈从文一看,事情不妙了。明显是有人开始偏离这条航线了。憨厚的湘西人急了,赶忙站在他们中间,左右劝说。一看有人要走,立即站到门边,守住大门。

"从文,你这是干什么?让我走,我决不在这里待下去!你不让我走,我生你的气!"

"休,你让她走,她有她的去处!"也频气得脸色发青。

沈从文心里想:怎么会让她走?他已经吃过好多次他们吵架的亏了。每次几乎都是一个公式,吵到高潮处,总是一个人跑走,沈从文必得和另一个人在城里找上大半天,什么公园、电影院、熟人处都要找遍。这次,他们是在上海,偌大的城市,到时候上哪里去找?不仅如此,每次找到后,他们这一对刚恢复了平静,就立马进入浓烈的缠绵中,而总是把他这个疲于奔命的和事佬撇在一边。

但是这次,胡、丁之间闹的似乎不再是以前那种情人间的小意气。来到上海后,丁玲找到冯雪峰,希望他在杭州给他们找一个住处好专门学习和写文章。冯雪峰在杭州玛瑙寺后的小山上为他们租了几间房子,然后,胡也频、丁玲和冯雪峰都住在那里。

在胡也频面前,丁玲毫不掩藏对冯雪峰的崇拜和爱慕。胡也频再傻,也不会看不出来。他一直忍着,但是,他毕竟是一个血性男人。几天下来,他带着心灵的伤痛,回到上海沈从文住处。

关于丁玲与冯雪峰的爱情这一点,丁玲在当时和后来的文章中都没有任何掩饰。1937年她在与斯诺夫人的交谈中,谈及他和冯雪峰的感情时,依然是那样一往情深[①]:

> 我有了一次伟大的罗曼史:我从未同胡也频结婚,虽然我们住在一起,一个朋友的朋友开始来到我家,他也是一个诗人。他长得很丑,甚至比胡也频还穷。他是一个笨拙的农村型的人。但在我们的许多朋友当中,我认为这个人在文学方面特别有才能。我们在一起谈了很多。在我的整个一生中,这是我第一次爱过的男人。他很高兴,并感到惊奇地发现一个"摩登女子"

---

[①] 李辉:《沈从文与丁玲》,湖北人民出版社2005年版,第23页。

会爱上这样一个乡巴佬。我停止了写作，满脑子只有一个思想——要听到这个男人说一声"我爱你"。我对胡也频说："我必须离开你，现在我已懂得爱意味着什么了，我现在同他相爱了！"胡也频听了感到非常悲哀和痛苦。

从冯雪峰后来将丁玲在1931年1932年写给他的信编辑成《不算情书》的情书来看，丁玲在情感上具有"伟大"的主动性[①]：

  一夜来，人总不能睡好；时时从梦中醒来，醒来也还是像在梦中，充满了的甜蜜，不知道有多少东西在心中汹涌，只想能够告诉人一些什么，只想能够大声地笑，只想做一点什么天真、愚蠢的动作，然而又都不愿意，只愿意永远停留在沉思中，因为这里是满占据着你的影子，你的声音，和一切形态，还和你的爱，我们的爱情，这只有我们两人能够深深体会的好的，没有俗气的爱情！我望着墙，白的，我望着天空，蓝的，我望着冥冥中，浮动着尘埃，然而这些东西都因为你，因为我们的爱而变得多么亲切于我了呵！今天是一个好天气，比昨天还好，像三月里的天气一样。我想到，我只想能够再挨在你身边，不倦的走去，不倦的谈话，像我们曾有过的一样……

  或者比那个更好，然而，不能够，你为事业绊着。你一定有事，我呢，我不敢再扰你，用大的力将自己压住在这椅上，想好好的写一点文章，你会更快乐些，可是文章写不下去，心远远飞走了，飞到那些有亮光的白云上，和你紧紧抱在一起，身子也为幸福浮着，……

  等着那一天到来，到我可以又长长地躺在你身边，你抱着我的时候，我们再尽情地说我们的，深埋在心中，永世也无从消灭的我们的爱情吧。……

  我要告诉你的而且我要你爱我的！

在丁玲写给冯雪峰的信中，可以看出丁玲选择他的决心非常之大，只是冯雪峰本人倒是显示出了一种沉稳[②]：

  假使你是另外的一付性格，像也频那样的人，你能够更鼓

---

① 丁玲：《不算情书》//《丁玲文集》第七卷，湖南文艺出版社1989年版，第309-310页。
② 丁玲：《不算情书》//《丁玲文集》第七卷，湖南文艺出版社1989年版，第305页。

动我一点，说不定我也许走了。你为什么在那时不更爱我一点，为什么不想获得我？你走了，我们在上海又遇着，我知道我的幻想只能成为一种幻想，我感到我不能离开也频，我感到你没有勇气，不过我对你一点也没有变，一直到你离开杭州，你可以回想，我都是一种态度，一种愿意属于你的态度，一种把你看得最愿信托的人看，我对你几多坦白，几多顺从，我从来没有对人那样过，你又走了，我没有因为隔离便冷淡下我对你的情感，我觉得每天在一早醒来，那些伴着鸟声来到我心中的你的影子，是使我觉得几多幸福的事，每每当我不得不因为也频而将你的信烧去时，我心中填满的也还是满足，我只要想着这世界上有那么一个人，我爱着他，而他爱着我，虽说不见面，我也觉得是快乐，是有生活的勇气，是有生下去的必要的。而且我也痛苦过，这里面而不缺少矛盾，我常常想你，我常常感到不够，在和也频的许多接吻中，我常常想着要有一个是你的就好了。我常常想能再睡在你怀里一次，你的手放在我心上。……为什么你不来一趟！你是爱我的，你不必赖，你没有从我这里跑开过一次，然而你，你没有勇气和热情，你没来，没有在我想你的时候来……

这些信件十分真实地反映了丁玲当时对于冯雪峰那份感情已经浓烈到不顾一切的程度。这个时候，只要胡也频稍微松一下手，或者只要冯雪峰稍微前进一步，他们三人的关系将会是另一种结局。在这盘棋局中，丁玲是中心。她的情感倒向谁，谁就是赢家。只是冯雪峰没有选择去做这个赢家而已。丁玲对冯雪峰的这份感情，司马长风有一句非常到位的评价，他认为丁玲"在两性关系上，虽然不够严肃，可是在爱情上却十分认真和炽烈"。当然也可以反过来看，十分认真和炽烈的爱情加上不够严肃的态度，自然会发生这类事情。司马长风对丁玲只是尽了一个批评家对一个伟大作家进行一次"轻微批评"的责任。严格来讲，丁玲是使他们三人处于这种窘境的主要矛盾方。从实际效果上看，她对冯雪峰这份如胶似漆的缠绵情感对胡也频简直就是一种心灵摧残。他带着痛苦的灵魂从杭州回到沈从文身边，他们交谈了整整一夜。沈从文通过与他的谈话，知道胡也频和丁玲之间的矛盾之处，他尽量开导这位好朋友[①]：

---

① 沈从文：《记丁玲》//《沈从文全集》第13卷，北岳文艺出版社2002年版，第108-109页。

等他无话可说时，便为他把这件事从旁观者看来各方面必须保持的最合乎理想的态度说明。因为他尚告给我两人虽同居了数年，还如何在某种"客气"情形中过日子。我便就我所知道的属于某种科学范围的知识，提出了些新鲜意见，第二天，就又把他打发回到杭州去了。这次回去，我对于海军学生所做的一番劝告，大致很有了些用处，风波平息了，一切问题也就在一份短短岁月里结束了。

集中各种相关信息和资料看，胡也频最后赢得丁玲不是因为他能够在精神和思想上"战胜"冯雪峰。在这一点上，胡也频也许永远达不到冯雪峰在丁玲心中的高度，他最后的胜利是因为冯雪峰在这个问题上的主动退出。而对于丁玲来讲，她毕竟与胡也频同居了数年，他们有着共同的爱好和一段苦苦相爱的日子。而且，胡也频身上并不缺少男人的激情，当冯雪峰没有往前再走一步时，胜者自然是胡也频。但是，从爱的"纯度"来讲，胡也频不是真正的胜者。丁玲在和斯诺夫人谈到胡也频时说过，她如果不爱胡也频，胡也频会自杀的。很多年以后，在悼念冯雪峰的一篇文章中，丁玲说到在延安有人问她最怀念什么人，她回答："最纪念的是也频，而最怀念的是雪峰。"

第二天一大早，胡也频再度赶往杭州。在这场爱的竞争中，冯雪峰的沉稳、胡也频的执着和丁玲最后的权衡为丁、冯的爱情画上了一个句号。丁玲、胡也频在杭州一住就是三个月，像是结婚旅游一般，住在波光潋滟的西湖边，他们手牵着手，漫步在湖边，观三潭印月、雷峰夕照，听南屏晚钟、柳浪闻莺，如同蜜月伴侣，享受着人间天堂之美。冯雪峰独自一人回到上海。这位职业革命家把一身都献给了革命，爱情只是他生命中的一个部分，不能取代全部，毕竟他还有更多的事情要做。在白色恐怖的国统区，实在不允许他花太多的时间放在儿女情长上。但是，冯雪峰和丁玲都没有忘记对方，他们爱得太深，已经深入骨髓。在后来几年里，丁玲无数次背着胡也频独自伤心。她一次次拿出笔来，一次次将心中的思念和怀想倾吐在笔下，但是又一次次将写好的信笺撕碎，抛掷在空中。冯雪峰在家乡义乌从事革命工作，娶了他的学生何爱玉，但是他们之间一直处于不温不火的状态。在1976年冯雪峰逝世前，何爱玉都没有赶去医院见他最后一面。这位职业革命家至死都是一个孤独的人，寂寞地走到了人生终点。

后来丁玲参加了左联工作，一直在冯雪峰的领导之下，他们理智地把关系定格在亲密朋友之上。当胡也频去世时，冯雪峰帮助丁玲筹办《北斗》刊物。对丁玲小说的成就，他积极撰写文章加以鼓励和赞扬。直到1957年，两人都因言获罪，被打成右派，至此才断绝音信几十年。冯雪峰在丁玲心中的位置实在太高了，她始终不能忘记冯雪峰。1986年，丁玲已经病入膏肓，大年初一这一天，她对来看望她的人突然说"雪峰就是这个时候去世的。"一句话给在场的人很大的震撼。从相爱到现在，五十多年了，临终前她口中说出的这句话，实在包含太多、太深、太苦、太真的情感！

在冯雪峰离开杭州后，胡也频也静下心来。在他的心中，他的"美美"已经全心全意爱着他了，他开始放开手脚想他创作的事情。他和丁玲一回到上海，就住到沈从文家里。他们记起以前沈从文说过"要是自己能够办个刊物该多好"的话，于是三颗火热的心一碰就产生出火花，准备创办自己的刊物。这个时候，他们已经具备一些办刊物的条件。一方面，沈从文已经在文坛上站稳脚跟，当年仅在《小说月报》上就发表了6篇小说，成为在这家著名刊物上年度小说发表量第一的作家。不仅如此，新月社创办的《新月》杂志连载了沈从文的长篇小说《阿丽思中国游记》，被誉为当年中国极为珍贵的大创作，沈从文已经成为众人瞩目、有影响力的作家了。丁玲也不落后，她在文坛上也掀起了小小的浪潮。她的《梦珂》《莎菲女士的日记》《暑假中》《阿毛姑娘》等小说成为大家争相阅读的有影响力的作品。正好这个时候有一个机会，上海《中央日报》的总编辑彭学沛听说胡也频到了上海，就邀请他担任该报副刊的编辑，并且每月200元报酬，这对于这对重归于好的穷夫妇来说可是个天文数字。于是，三人把办刊的事情实实在在地推进起来。他们为这个副刊取名《红黑》，这是他们三人第一次有自己的创作阵地。

这份刊物从当年7月19日创刊到10月31日停刊，共编辑了49期。可以说，对这个副刊，胡也频倾注了全部心力，丁玲、沈从文也在其中助力。这个副刊存在的时间虽然很短，但是为他们的下一步行动积累了很多的经验。到年底，真正属于他们自己的刊物《红黑》《人间》终于问世了。从北京开始，他们就幻想着拥有自己的刊物，但是一直没有办成。在上海这个十里洋场中，三个年轻人居然把这件事情给办成了，实在是一个了不起的进步。这个契机应该感谢胡也频的父亲，没有他就没有中国现代文学史上《红黑》和《人间》刊物。丁玲记述过这件事[①]：

> 1928年夏天我和胡也频从杭州到上海，沈从文就讲是否办一个刊物。那时候我们住在萨坡赛路（今淡水路）196号，沈从文住在附近，常来我们家。这时，正好胡也频的父亲来上海，带了一千元钱来，是一笔卖房子钱，想投资入股到一家叫"小有天"的福建菜馆。胡也频便和他父亲商量，借这一千元钱开书店，讲明三分利息，他父亲同意了。于是，胡也频、沈从文和我就用这笔钱办刊物，取名《红黑》。

**沈从文也记述了这件事情的经过**[②]：

> 那里人间书店请我们编辑一个月刊，我们恰恰又借到了一笔钱，想自己办一个出版处，为了一切方便，我们就合赁了萨坡赛路的二百零四号房子，搬了家，《人间月刊》由我们三人产生了，《红黑月刊》也由我们产生了，在名为"新房子"的住处，我们的生活忽然完全改变了。

沈从文和丁、胡三人为这两个新刊物投入了最大的热情。一方面，在稿源不足的情况下，他们得自己埋头积极撰稿，可谓焚膏继晷、夜以继日，不停地写；另一方面，还要处理繁重的办刊事务。胡也频是北方汉子，身强力壮，主要跑外勤，从编辑到印刷，从送稿到结账，从购纸到接洽书店，主要靠他。到刊物印出来，再由沈从文和丁玲清点客户，分发刊物，跑书店和邮局寄送刊物。三个人不知疲倦地为自己的刊物奋力工作。那时他们最大的快乐就是在书店的书架上看到叠放着他们的刊物，看到顾客从书架上取下他们亲自编辑的刊物走到柜台边交钱拿书的情形。刊物第一次上市，在上海就销售了一千本，接着从北京、武昌、广州、厦门等地的朋友那里都传来了好消息。沈从文对他们合力办刊非常看重，他这样评价道[③]：

---

① 丁玲：《丁玲谈早年生活二三事》，《新文学史料》，1986（2）。
② 沈从文：《记胡也频》//《沈从文全集》第13卷，北岳文艺出版社2002年版，第29-30页。
③ 沈从文：《记胡也频》//《沈从文全集》第13卷，北岳文艺出版社2002年版，第30页。

……这一年头，算是我们最勤快工作的年份，各人皆写了许多作品。在也频的所有作品中，以技术完美同内容统一而论，也是这一年成绩最好。我们在起始写文章的时节，希望的只是尽我们的力，给这个渐趋寂寞的新文学重新再能够兴奋一次。

《红黑》这本刊物非常有意思的是它的刊名。用普通话来讲，它多象征光明与黑暗；用胡也频在创刊号上所讲的，它还能够表达激烈与悲哀、血与铁。但是他同时也说明他们不敢掠取这个伟大的意义，他们很谦虚地表述他们还没有承受这伟大魄力的能力。他们只是根据湖南湘西土话，也就是湘西方言中常用的一句极普通的词语"红黑"，来表达他们极普通的诉求。在湘西方言中，"红黑"就是"什么也不怕""什么也敢做"的意思，具有"横竖""左右""反正""总是"等意义，内含一种"无论如何都要"的比较霸蛮执拗的意思。这个意思很切合他们三个年轻人在上海文坛打拼的心理状态。他们不满当时文坛各种不合理的现象，表达了他们"红黑"要拼闯一番的决心。"红黑"使湘西方言第一次成为一个刊物的刊名，也表明湘西"红黑"要为中国现代文学史贡献几位文学大家。

《红黑》一共出版了8期，发表作品48篇，仅他们三人就占有37篇。《人间》出版3期后停刊。关于这两个刊物停刊的原因，丁玲在1985年追述时说，是因为沈从文与她和胡也频之间发生了观念冲突而致。这肯定不对。第一，从当时的情况看，尽管沈从文和他们之间在观念上有着本质的不同，但是造成停刊的原因却绝不是观念。他们在作品中表现出的爱与憎、美与丑，以及他们所肯定的和所批判的都非常接近，观念远没有达到冲突的地步；同时，在沈从文看来，尽管他们的观念有所不同，但是也依然不会妨害他们的友谊。他向往光明，理解革命。他尽管不赞成他们的一些行为，但从不会站在道德高度对他们横加批判。他的宽容性格与胡也频的率真性格是完全可以互为涵容的。第二，如果因为观念发生冲突，沈从文就不会在刊物停刊后，在武汉大学放假回上海同他们重逢之时，还一起讨论是否重新恢复《红黑》的计划。因此，丁玲讲的原因不太正确。在谈到胡也频为《中央日报》办副刊的事情，在1980年和1985年两次谈到此事时，她说是沈从文介绍的，胡也频不知道这个刊物是国民党中央的机关报，如果知道他是不会去的。当他们知道之后，胡也频就离开了。这种说法也不正确。《中央日报》属于国民党中央机关报的属性，可以说当时社会人尽皆知，他们两个知识分子怎么反而会不知道呢？在沈从文的记述里，是当时《中央日报》总编辑彭学沛邀请胡也频去办刊物的。彭学沛和胡也频在北京应该是认识的。那时彭学沛正在《现代评论》当编辑，胡也频从1926年11月开始在这个刊物上发表作品，到1928年共发表了16篇，是一个有影响力的作者。而且，胡也频发表文章的次数远远超过16次，因为有些作品是连载，有时一篇文章要连载好多次。那个时代的编辑部不像现在有些编辑部人浮于事，都比较精干，编辑和作者之间的关系也非常密切。一个是主要的编辑，一个是有影响力的作家，他们认识是合逻辑的，不认识倒非常不合逻辑。再说沈从文记述这件事情的时候是在胡也频出事之后，时间是1931年，那时是国民党执政，不存在陷胡也频于不利的图谋。更何况，那个时代，副刊和主刊之间的联系并不是太紧密，关系非常疏离。胡也频在副刊上发表的文章，就有很多是非常"革命"的，对社会和政府有比较多的针砭和讽刺。从他自己的文章和所刊发的文章看，就知道副刊和主刊的疏离达到什么程度，它与主刊上的政治观点很多时候甚至是风马牛不相及的。其实，客观地讲，胡也频是不是知道《中央日报》是国民党中央机关报，胡也频是不是彭学沛介绍去的根本不重要，它一点都不会损害胡也频的革命形象，完全用不着这样谨慎以至于不顾事实。

《红黑》和《人间》办不下去的真实原因应该主要是：第一，沈从文他们不熟悉市场运作，也不懂得经济规律，更没有经济头脑，尽管开始刊物销售得很好，但是大多数书店都是赊账，玩的是"空手道"，他们按时给书店发送刊物却迟迟收不回钱来。第二，原来承诺给胡也频父亲的利息每月都得按时付给，资金一下子周转不过来。第三，他们团结的作者群不够广大。主要文章大多出自他们三人之手，尽管还有叶圣陶、戴望舒、姚蓬子等在上面发文章，但是毕竟参与的人数不够多，没有出现风起云涌、繁花似锦的大好局面。但是不管怎样，他们三人毕竟拼搏了一番，这两个刊物虽然没有如他们所愿成为能够轰动文坛、发挥文坛标杆作用，但雪泥鸿爪，还是留下了他们奋斗的身影和声音。

刊物停刊之后，他们三人最好的合作期也结束了。沈从文在胡适的提携之下进入上海中国公学教书，胡也频由沈从文介绍，赴山东一所中学教书。丁玲则留守上海继续创作。他们夫妇相约，暂时不写信不联系，待干出成绩之后再联系。但是，男女之情由不得他们理智的选择，不到一个月，丁玲沉不住气了，匆匆赶赴山东与胡也频厮守在一起。

## 三、湘西侠义

在沈从文和胡也频、丁玲三人关系继续发展的这两年，也就是1928年到1929，沈从文在创作上取得了辉煌的成就。他已经从开始那种"愤怒的表达"走向深刻的表达。他性格静穆、顽强，他在观念中始终认为文学革命需要实际践行的人，而不是那些把革命当成节日整天在呼叫、在争斗、在辩难、在高张主义的人。正是因为这一点，很多极有才华的文学家们把精力放在了文学之外，而荒废了文学实践。沈从文没有白过这段光阴。《阿丽思中国游记》《或人的太太》《卒伍》《焕呼先生》《老实人》《柏子》《雨后》《阿黑小史》《会明》《菜园》等一大批在艺术上思想上有较高价值的作品相继问世。他在中国现代文学史上开始发力，用自己独立的思考、独特的话语，诠释对这个世界的认识和感悟。

与此相反的是，他的这一对好朋友尽管在文学上也取得了佳绩，特别是丁玲，一走上文坛，就一发而不可收地发表了一大批有影响力的作品，但非常明显的是，他们的主要兴趣已经发生了变化。在山东不到三个月，两人又悄悄回到上海。一门心思专注于创作的沈从文很惊讶他们怎么这么快就回来了。他们搪塞说那边在闹学潮，不愿受人利用才回到上海。有一段时间沈从文看到他们总是在搬家，开始以为他们的稿费收入增加了，想住好一点房子，后来发觉他们是在躲避离他们越来越近的某种危险。面对这一切，沈从文的担心也越来越大。他们之间经常为"是用笔来革命还是用笔之外的方式来革命"发生讨论。显然，胡也频和丁玲的观点非常一致，他们并不理解沈从文在为他们的生命担忧，更不理解沈从文并不反对他们的革命，而是认为要"学会了种种机智与谨慎，在艰难境遇里三年五年，好好地去取得一个革命家那份应得的经验。一切生活训练他到某种程度，他也才能做某种负重致远的人！"[①] 相反，他

---

① 沈从文：《记丁玲续集》//《沈从文全集》第13卷，北岳文艺出版社2002年版，第144页。

们很为这个老朋友跟不上他们的思想而遗憾，认为他迂腐、胆小，甚至曲解他在文学事业上的努力，把这种认真追求文学革命的努力解读成为想往上爬。沈从文心里非常着急①：

> 胆小如鼠原无济于事。[畏怯原不是革命者所应有的东西,]但是过分洒脱，则不免疏于人我之间的防卫。我尤其不能同意的，便是他们似乎业已忘记了自己如何得到大众的原因，仿佛手中已操持着更好的武器，各在轻视原来手中那支笔。皆以为把笔摔下的时代已降临，不放下手中那支笔诸事就做不好。关于这件事，我大约同他们讨论过二十次。

当沈从文反复向他的朋友陈述利害，讲明关系和要尽量运用策略来从事革命工作而不被认可之后，只好自己安慰自己②：

> 一切人都在那里用自己的一份观念决定自己的命运，既明白每人因生活不同，观念也难相同，或者就应当沉默守分，让时间来说明个人的命运得失。

尽管在处事方法、识人态度、认知观念上，他们实在太不相同，但是，逆境中建立的友谊仍然能够超越观念的分歧而在这三个青年身上存在。

时间走到 1931 年元月。这个月对沈从文来说，阴霾深沉。他的父亲，那个浪迹江湖一生不得志的沈宗嗣走完了坎坷的人生之路，回归大自然了；他在北京结识的好友，共产党人张采真在武汉慷慨就义；他的九妹重病在身。数重不幸一起压向沈从文。他原本准备去武汉，但是，张采真的夫人、小孩都在上海，孤苦伶仃，沈从文不忍丢下不管，毅然留在上海。1 月 5 号，沈从文到吕班路万益坊六十号拜访胡也频夫妇，正好因两人外出而不得见。当晚，胡也频夫妇回访沈从文，恰逢沈从文外出，又未得见。1 月 6 号，沈从文约胡也频夫妇过来，三人讨论了一些当前的问题。胡也频告诉沈从文，有一位湖南老乡（陈赓）想约见他。沈从文一再询问他们最近做了什么，他很想把自己在武汉方面见到的严酷环境告知他们俩，给他们今后行事讲话作一些参考。胡也频没有直接

---

① 沈从文：《记丁玲续集》//《沈从文全集》第 13 卷，北岳文艺出版社 2002 年版，第 143 页。

② 沈从文：《记丁玲续集》//《沈从文全集》第 13 卷，北岳文艺出版社 2002 年版，第 144 页。

承认他们正在做什么。但是看得出,他的很多认识都因长期居住在租界而受到局限,不知道当时环境的险恶。当胡也频不在时,沈从文继续担心地问丁玲。丁玲并没有直接讲述他们正在干什么,而是从大的方向上说明他们干的是"为了引导一个民族理想,于一个新的方式中寻觅出路,在各种试验中去取得经验"。沈从文为朋友的奋斗感到又愁又喜。"喜的是两人在半年中为一个新的理想所倾心,已使两人完全变了一种样子,愁的是两人所知道中国的情形,还那么窄。"① 丁玲对于沈从文的劝告只是以微笑来回答,用沈从文的话讲,这种微笑包含着"杞人忧天"的轻微嘲讽。这一天,他和丁玲谈了很久,到了下午五点还不见胡也频回来,沈从文担心地说:

"也频还没有回来,别被狗逮住了!"

丁玲从容地回答道:

"近来兽物也非常机警,不碍事。"

丁玲等不到也频就先独自一人回去了。直到七点,胡也频才匆匆赶过来,见到沈从文准备外出,就说:

"休,把你的夹袍给我吧,我不能再穿这件洋服了。"

换好服装后,他比住在这里的沈从文还熟悉这里的情况,拉着沈从文从后门下楼,七弯八拐,穿过博物馆路,转北京路,向南往外滩走东部。一路上,他既熟悉又机警,俨然一个上海通。看着这个朋友比自己还熟悉上海,沈从文就知道,他肯定为了自己的理想,躲避危险,把上海弄得十分熟悉了。到了家,他把沈从文那件夹袍向丁玲身边丢去,一屁股坐在火炉边的藤椅上,带着得意的微笑。

丁玲惊讶地问:"你换了衣服?"

"正确,不换衣,电车上全是狗啊!你看,貂的速度就比狗快。休那件夹袍跟貂皮一样,穿起来很暖和,还挺轻便。休,你穿这样高级的袍子,真神气。"

沈从文说:

"也频,你厉害,刚到我那里,怎么比我还清楚地形?把后门都弄得清清楚楚!"

胡也频用一阵笑声权作回答,在脱鞋之时,把鞋中藏有的一张小纸

---

① 沈从文:《记丁玲续集》//《沈从文全集》第13卷,北岳文艺出版社2002年版,第136页。

片之类的东西随手投到火炉中烧掉。沈从文看到眼里,他知道那应该是属于"组织"里面的秘密,并没有追问,只是说有什么好吃的拿出来当宵夜。丁玲从另一间小屋中拿出辣子豆豉,顿时整个房间洋溢着浓烈的湖南故乡气息。

这一段时间,他们几乎每天都在一起。

当胡也频正在为革命事业冒死奔波之时,沈从文却在为他忧心如焚。他只要有机会就会将他的想法说出来,试图劝解他们,对付凶残的敌人一定不可掉以轻心[①]:

> 这人的勇敢处真正令人吃惊。但这种"勇敢"同"保守"对面以后,产生了如何愚蠢的行为,排成了如何无聊的场面,照例将是使人吃惊以外还得皱眉的。一页新的历史,应当用青年人的血去写成,我明白我懂。可是假如这血是非流不可的,必须如何去流方有意义?在另一方面的人看来,方法也许只有一个,便是捉来就砍。但是随时都有被砍机会的一方面,人既那么少,结实硬扎机警勇敢的人尤其不易多得,纵事到临头非流血不可,如何来吝惜珍重这种人的血,避免无谓的牺牲,不也就正是培养这个人对人类较高理想的种子的一种最好方法。

沈从文对朋友的关爱,已经超出了一般朋友的意义。从他当时表述出来的大量文字看,他尽管没有直接投身到胡也频献身的事业之中去,也对他们的事业表示了充分理解和积极肯定。只是这一点,被当时和后世一大批"革命者"在有意或无意之间忽略掉了。

1月17日,胡也频从后门溜进了沈从文住的地方,见房门上了锁,以为沈从文出去了,赶紧到门前事务部询问,正好遇到沈从文。他急切地说:

"休,我还以为你出门了!"

沈从文见是胡也频,赶忙问:"你什么时候动身?"

"说不定。我现在得搬个家。那边已经不能再住了,第三衚昨晚又被抓了一个。现在没有什么好办法,身上一个子儿也没有,搬不了家。"胡也频焦急地说。

---

[①] 沈从文:《记丁玲续集》//《沈从文全集》第13卷,北岳文艺出版社2002年版,第141-142页。

"那住在那里也不是个事,要想办法早点脱身才行。"

"好在房东儿子刚死,正在家中办丧事超度,很热闹,隐蔽性较强。你能不能替我给他儿子写一幅挽联,你下午到我家里来吧。"

他们又聊了一会协会的事,然后才分手。

下午三点左右,沈从文在四马路吃过饭以后,步行去租界胡也频住处。丁玲正在家里,见到沈从文就问胡也频是不是到过他那里。沈从文见到胡也频还没有回家,就有种不祥之感,但是为了不把这种感觉带给丁玲,他带着微笑说:

"他约好我来写挽联,这时还不到,怕不是路上被狗咬了?"

丁玲一边为孩子叠尿布,一边回答说:"不碍事,他身上什么都没带,很安全。"

"他过于洒脱了,我很担心。"

"你呀,从文,你就是胆小,这也怕那也怕,什么事情也干不成!"

又是胆小的话题。沈从文有点着恼。他为了使丁玲认清目前局势,给她讲了刚知道的一件残酷事情。但是丁玲仍然听不进,反倒给她讲了以前瞿秋白在租界被巡捕房的人认出来,但并没有被抓起来,而是自由平安地离开的故事。显然两种意见拧不到一块。那时,党内正处在一种盲动主义情绪之中,许多热血青年没有把保护好自己作为能够更有效地与敌人斗争的前提来看待;相反,把这种隐蔽防护看成胆小怕死,从道德高度和政治高度加以打压。沈从文没办法,只好摇摇头离开了丁玲家。但是到了晚上,强烈的预感迫使沈从文又一次来到丁玲家,看看胡也频回来了没有。结果,还是没有回来,他赶忙问道:

"也频几天不回来,以前有没有先例?"

丁玲正坐在小孩摇篮边给胡也频缝补衣裳,听到沈从文的问话,便打起精神,带着微笑,用一种十分镇定的情绪向沈从文传达出无所畏惧的表情来。但是,从丁玲自己后来的记述看,她实际上已经处于非常紧张的状态之中,只是在沈从文面前,她总是要扮演出镇定自如的状态[①]:

> 我不能呆下去,又怕跑出去,我的神经紧张极了,我把一切想象都往好处想,一切好情况都又不能镇静下我的心。

---

① 丁玲:《一个真实人的一生——记胡也频》//《胡也频选集》,福建人民出版社1981年版。

她让沈从文在家里暂时替她带一下小孩，便心急火燎地冲出家门，在马路上漫无边际地狂奔。黑夜中，她听得到自己的心在怦怦跳动。这么久没看到也频，以前没有这种情况，每次他要出远门，总是千叮咛万嘱咐，而这次，说不见就不见了。虽然沈从文来家问情况时，她能够强装没事，但是现在心里也开始打鼓了，一种不祥的预感像隆冬北风席卷而来，她顿觉一股寒气直冲脊梁。她跑到姚蓬子家敲开他的大门，一进门就气喘吁吁地问道：

"你今天见到频吗？"

姚蓬子开始以为这小两口又吵架了，但是一见到丁玲那种急切的样子，就感到事情严重了，赶忙说：

"你坐下来，不要急，慢慢说吧。"

"你究竟见到频了吗？"丁玲直愣愣地看着好朋友的眼睛，急得快要哭了。

"上午见到过，他说去找从文写挽联去了，怎么，一直没有回家？"姚蓬子也急了。

"糟了，蓬子，也频到这个时候还没回来，我看怕是出事了。"

"不至于吧。"姚蓬子安慰着丁玲。但是他的心里也开始紧张起来。因为他知道，胡也频近来因为孩子刚出生不久，一般外出都不会待得太晚，这么晚没回来，只怕真有情况发生了。他建议到冯乃超家看看，说不定在他家。丁玲又一口气跑到冯乃超家。她看见冯家窗口有微弱的灯光，带着希望走上去敲门，无人回应，便在马路上大声呼喊，也没动静。深夜的街道寂静无人，只有她的呼唤在衖子里回荡，她再次呼喊，冯乃超家的灯光干脆熄灭了。见到这种情况，她只好拖着疲惫的双腿又跑回万益坊。

站在自己的家门口，她心怦怦地跳着，她最希望的情景是一打开门，就看到心爱的也频正在与沈从文聊天。然而，眼前的景象是昏暗的灯光里，只有静静守在孩子身边的沈从文。丁玲一下子仿佛全身瘫痪，快要站不起来了，她顽强地挪动步子，坐到沈从文身边，他们互相默默地注视着，没有说话。这个时候任何语言都无法表达他们的心声。坐到后半夜，沈从文起身，拍拍熟睡中孩子的脸庞，丁玲没有抬头，她听见沈从文的脚步声消失在弄堂深处。

第二天一大早，沈从文又赶到丁玲家，结果还是没见到胡也频。他断定胡也频一定出事了。看到丁玲一夜没合眼的疲惫状态，想到这所房子可能已经被那些"狗们"监视了，他要求丁玲暂时待在家里，他出去打探消息。他"从法租界跑到闸北，从闸北跑到静安寺，从静安寺再回到万益坊，各处都跑了，皆无这个人什么消息"。① 到了晚上7点钟，沈从文拖着一身疲惫，从万益坊回到北京路的家，艰难地爬到三楼，看见一个枯瘦如柴的老人蜷缩在暗处。一见到沈从文，他便瑟瑟缩缩站起来，从袖口里伸出干枯焦黄的手，放在沈从文的掌心。沈从文一看，是一张纸条，他要老者等一会，走进房间打开灯，纸条上熟悉的字迹一下子映入眼帘，这分明是胡也频的字②：

休，我遇了冤枉事情，昨天过你住处谈天，从住处出来到先施公司，遇女友拉去东方旅馆看个朋友，谁知到那里后就被他们误会逮捕了。请你费神向胡先生蔡先生一求，要他们设法保我出来。请吴经熊律师，乘我还不转移龙华时，进行诉讼。你明白我，一切务必赶快。否则日子一久，就讨厌了。奶奶处请你关照一声，告她不必担心。我的事万不宜迟，迟了会生变化，我很着急！……

崇轩

事情全部清楚了，胡也频果然被抓了！沈从文赶紧跑出门外，抓住老者的手，将他拉到房间里，压低声音急切地问道：
"他究竟怎样了？有没有危险？"
老者把头乱摇，说不清楚什么来，急得指着纸条说：
"你看这个，你看这个。"
沈从文抓起皱巴巴的纸条，再次细看，看到在纸条的上角还有一行字：

事不宜迟，赶快为我想法取保。信到后，给来人五块钱。

沈从文恰好刚取得十块钱稿费，他马上给老者五块钱。老者说：

---

① 沈从文：《记丁玲续集》//《沈从文全集》第13卷，北岳文艺出版社2002年版，第153页。
② 沈从文：《记丁玲续集》//《沈从文全集》第13卷，北岳文艺出版社2002年版，第154页。

"你们赶快，押过南京就难办了。"

"您能不能给他带封信？"

"哪能带信，不要命了！你说我记得。"

于是沈从文要他转告胡也频，不要惊慌，他们会在外面替他张罗奔走。完了，沈从文立马急匆匆赶到万益坊。

见沈从文进来，丁玲赶快问怎么样了、有什么新情况。沈从文把胡也频的纸条递给她，她一把抓过来反反复复看，仿佛要从纸条里面找出什么东西出来。突然，她站起来，走到书架边，从里面抽出一本书出来翻了又翻，扔到一边，又从里面找出另一本翻看着，突然叫了起来：

"糟了，他一定把那个东西带走了！"

沈从文看她惊慌的样子，也不便问，只知道一定是他们那个组织里某个重要东西被胡也频带走了，这东西可能会给他带来危险。丁玲说完，顿了一下，又赶忙说：

"不碍事，带去了也不危险。"

这句话不像是说给沈从文听，倒像是自言自语。

当时，国民党已经大开杀戒，对异己分子，特别是对共产党，毫不手软，已经杀红了眼，血腥之气给这个灾难深重的国家增加了惊悚恐怖之感。然而，在这个当口，沈从文这个湘西人血脉中那份侠义之气，为朋友两肋插刀的古典情怀却异常强烈地升腾起来。他完全忘却了危险，忘却了原先反复叮嘱胡也频和丁玲做事要小心的话语，以一个手无寸铁的读书人身份，奔走在拯救胡也频生命的危险之路上。

他第一个想到的就是胡适。他认为胡适是社会的脊梁，有很高的声望，他出面或许能够为胡也频解围。1月20日，他专程去胡适那里，商量营救办法。胡适是一个有求必应的人，他在日记中记述了这件事，从日记中可以看到沈从文为胡也频的事情非常上心[1]：

> 沈从文来谈甚久。星期六与星期日两日，上海公安局会同公共租界补房破获共党住所几处，拿了廿七人，昨日开讯，只有两女子保释了，余25人引渡，其中有人认为是文学界胡也频。从文很着急，为他奔走设法营救，但我无法援助。

---

[1] 胡适：《胡适日记全编》第6卷，安徽教育出版社2001年版，第36页。

胡适想了一个办法，给蔡元培先生写了一封信，想借助蔡元培这个文化领袖、老同盟会员的影响力去说项。拿到胡适的信，沈从文又急急忙忙赶到南京面见蔡元培。蔡元培正好外出没见到，心急如焚的沈从文给蔡先生留下一封信①：

> 孑民先生：从文今日由申来进谒，适值先生外出。希望一二日内许一时间，约谈数分钟，实为大幸。来此为朋友胡也频事，欲得先生略加以援手。今将胡君之过去另纸呈览。徐信面呈。
>
> 专颂　康安
>
> 　　　　　　　　　　　　沈从文敬上，廿五

蔡元培回来见到沈从文的信，马上约见了他。沈从文又赶到南京面见蔡元培先生。蔡元培专门给当时国民党元老级人物、时任上海市市长的张群写了信，为胡也频开脱。这一次南京之行他是陪着丁玲去的，他带着丁玲还拜会了邵力子先生，邵先生热情地接待了他们。丁玲后来深情地回忆到邵力子接见她们时的情形②：

> 邵先生对我很自然，很亲切，还像过去一样。他非常惋惜地说："这是怎么搞的？卷到这么一个大案子里去了。"他立刻给当时的上海市市长张群写了一封信。他无限同情地叮嘱我："即刻回上海，赶快把信交出去。"

拿到信，沈从文又马不停蹄回到上海面见张群，结果得知胡也频已经被转移到了龙华警备司令部去了。

当时左翼作家们为了掩护自己都不便出面为胡也频的事情奔走，恰恰相反的倒是沈从文这个总是被丁玲称为"胆小怕事"的人在关键时刻，冲在营救胡也频的最前列。他通过各种关系，试图打通各个环节，想尽一切办法，不计一切后果地展开营救胡也频的行动，同时，他也想见一见胡也频，看看他究竟怎样了，见不到人心里不踏实。终于通过熟人，了解到"太太只管到那边去绝不会吃亏"的信息。他和丁玲准备了一些狱中需要的东西，天还没亮，两人就在七点以前赶到上海郊外的龙华。

---

① 吴世勇：《沈从文年谱》，天津人民出版社2006年版，第105页。
② 《邵力子先生曾经营救过胡也频》，《羊城晚报》，1983-11-03。

那天天空飞雪夹雨，云层极低，寒气冻得人直打哆嗦。他们和很多探监的人排在司令部大门口。这个地方正处在一个风口上，寒风呼啸着从道口吹过来，刺得肌肤有种裂开的痛感。正式挂号要到九点钟，他们耐心地排着队，直到下午一点半，六百多人只有四百多人拿到号子。没拿到号子或是因为要见的人已经被枪毙了，或是要见的人牵涉到政治，官司太大，不允许见面。终于，沈从文从狱卒手中接过一张纸条，随着进监的队伍，十人一组，扛着或提着各种物件，走进监狱。人太多，大家都想尽快见到自己的亲人或朋友，小过道上一时非常拥挤，不断有人跌倒。此时他们已顾不得什么礼仪了，沈从文扶着丁玲，肩扛手提像难民一样往前挤。在一座铁栅栏面前，丁玲把纸条从铁栅栏空隙处递给一个狱卒，他接过来看了看，摇摇头退了回来。过会儿沈从文又挤上前去，把纸条再次递进去。狱卒没有接纸条，反倒问：

"上面明明写着不准，你们还到这里来干什么？"

沈从文争辩道，见不着面，也可以送送东西。狱卒说送东西也不行。这时一个凶神恶煞的军官走过来，狱卒把纸条交给他，谁知道这个军官很和气地对他们说，这个人不能见，送东西也不准，但是可以带一点钱给犯人。他们拿出三十元请他带进去，他说只能带五块，钱多了也没用。他们正在铁门边等着狱卒开收条。突然，一阵镣铐声传过来，竟然是胡也频。沈从文连忙指着铁门那里激动地说：

"也频，也频！"

丁玲一下子振作起来，高声喊道：

"频，频！是他，是他！他很乐观，很雄，还像一匹豹子！"

丁玲两颊泛起红晕，眼睛发亮，激动地说。这是自胡也频失踪之后，沈从文第一次见到丁玲如此兴奋的表情。胡也频在丁玲的叫唤声中，回过头来，把带着镣铐的双手高高地扬起。那份表情很阳光。他似乎想说什么，但立即被狱卒推到看不见的地方去了。

就这么短短几秒钟的见面，缓解了他们很多天以来的紧张，胡也频还活着，这就是他们最大的希望。只要人还在，营救的可能性就一定存在。

一会儿，丁玲从狱卒手中拿到胡也频开的收条，她拽着留有心爱的人熟悉字迹的收条，眼圈红了。十多天了，胡也频还活着！这个世界上，她心爱的人还与她一同呼吸着这座城市的空气，她心里默默地坚定一个信念：一定要救也频出去。

　　沈从文内心感慨万千，从1925年相识到现在，整整六年光景，三个来自不同地方却有着共同追求的青年，凭着一腔热血，在艰苦环境中同命运抗争。他们亲如手足，情同兄弟姐妹，肝胆相照，相濡以沫。友情、亲情、爱情一起凝结成"朝闻道，夕死可矣"的志同道合的患难之情。这个时候，他们之间那种观念的不同显得多么不重要，共度时艰、共赴危难成为最重要的精神境界。在这个历史当口，沈从文选择的是毫不犹豫地继续为胡也频获释拼死相救。他决定亲自到南京面见当时国民党中央组织部部长陈立夫，希望这个手中握有生杀予夺大权的人能够"法外开恩"。陈立夫是国民党中统的创始人，他和他的兄弟陈果夫两人手中沾满了共产党人的鲜血。这个决定需要沈从文面对死亡，因为他是跟死神讨价还价。丁玲当时不太赞成找陈立夫，但是也没有坚决反对。她心中有一个原则，就是不能用投降来做交易，但也心存侥幸，没有阻挡沈从文见陈立夫。2月7日，沈从文带着丁玲再一次赶赴南京，当晚住在左恭家里。

　　第二天，沈从文与左恭赶到陈立夫住处。他们一共谈了两个多小时，但是，时间都被陈立夫用"民族文学问题"占用了。沈从文和左恭为了营救胡也频，不得不表面上装着在听，实际上内心焦急万分。好不容易等到陈立夫话语停顿当口，沈从文赶忙插话，再一次请求他解决胡也频的问题。他反复强调，政府不能不分青红皂白就将一个作家抓去治罪，他说胡也频是被冤枉的，他只是一个作家，一个有责任心和才华不可多得的作家。政府让这样的作家失踪，其实对政府的名誉很不好；如果他真的有错，应该交由法院进行审判，而不能这样不明不白地消失。对陈立夫这样讲话，在国民党立场上看，沈从文已经是大不敬了。但是，由湘西血性和书呆子气交织在一起的沈从文，此时已经顾不得许多了，他心中只有一个信念，就是解救胡也频。自然，这是一次毫无用处的冒险行为。陈立夫这个中统头子跟他虚与委蛇，先是云遮雾罩大谈学问，后说不知道这件事，这显然是撒谎。沈从文和左恭只好回来。在左恭家，他们得知胡也频可能遇难的消息，当晚沈从文和丁玲又匆匆赶回上海。

　　实际上，在2月7号这一天，胡也频和同时被捕的其他同志已经被处决了。那天晚上九点左右，看守长来点名，谎称要将他们转移到南京去，要他们签字，在盖手印时，柔石发现公文上写着"验明正身，立即绑赴刑场枪决"的字样，顿时激动起来，他大声高呼："同志们，敌人要开杀戒了！"一刹那，二十三位战友借用镣铐和宪兵打起来，终于这群赤手空拳的共产党人被制服了，他们被拖到工厂大烟窗下被一阵乱枪打死。年轻的胡也频身中三枪，倒在血泊里。而这个时候，沈从文和丁玲正在风雨交加中奔赴在往南京去的路上。

一切努力都化为灰烬。胡也频真的离开了这个世界。当沈从文把比较确切的消息告诉丁玲时，丁玲当时的表情十分冷静。就这一点，沈从文有详细的记叙①：

> 当我把那点消息告给她时，正是我再预备过南京的前一日。做母亲的在这烦恼共勉，显出了人类美丽少见的风度，只是沉默地把熟睡着的孩子，放到小小的藤制摇篮里去，小孩略微转侧了一下，她便把手轻轻拍着那小孩子，轻轻的说：
> "小东西，你爸爸真完了，他的事还不完。好好的睡觉，好好的吃喝，赶快长大了，接手爸爸还不做完的事情。"
> 口中虽那么说着，声音却抖着，勉力抑制着她那激动的感情。

从沈从文这段文字，我们可以看到一个伟大妻子和母亲的形象被光鲜亮丽地凸显出来。"人类美丽少见的风度"是沈从文对丁玲一句绝高的评语。

由于担心敌人的进一步迫害，丁玲暂时搬到沈从文家，与沈从文九妹住在一起。由于这一段时间一直为胡也频的事情奔走，丁玲很久没有给母亲写信了。这个时候母亲来信说十分挂念外孙和胡也频。她可能从报纸上知道了一点消息，不断来信询问。面对这个问题，丁玲和沈从文都感到十分着急。得知胡也频罹难的消息，老外祖母能否挺得住？丁玲和沈从文都极为担心。他们想了一个办法，以胡也频的名义给外婆写了一封信②：

---

① 沈从文：《记丁玲续集》//《沈从文全集》第13卷，北岳文艺出版社2002年版，第183页。
② 沈从文：《记丁玲续集》//《沈从文全集》第13卷，北岳文艺出版社2002年版，第190-191页。

姆妈：得到你的信，你真会疑心。我近来忙得如转磨，冰之来信应当说得明白，有了些日子不写信回来，难道就发生了什么了不得的大事？不要看那些造谣的报纸，不必相信那些报纸上的传说，那是假的。谁捉我这样一个人呢？除了姆妈只想捉我们回家去陪大乾乾说西湖故事以外，谁也不想捉我，谁也捉不了我。

……

我想远行，去的地方也许极远，因为……这些事也许冰之信说得一定很清楚了，不明白的你将来也自然会弄明白，这是我可不告诉你。

……

崇轩敬禀

这种信十天之内他们写了三封，宽慰了丁玲老母亲对胡也频的担心，但是却阻挡不住她对自己外孙的思念，老人家来信说要赶到上海来看孙子。这下为难了丁玲和沈从文。他们冥思苦想出一个办法，就是干脆说为了缓解母亲对外孙的思念，准备把孩子送回湖南。她由沈从文陪同一起回来，至于胡也频为什么不来，就说最近忙得一天也离不开，这次就不来了。他们对回湖南的行程作了精心安排。现在到处都在屠杀共产党，乡下更是肆无忌惮，危险性有时比大都会更大，因此在常德不宜待得太久。为了方便尽快从湖南脱身，他们临行前还草拟好了三封以胡也频名义催丁玲回上海的电报，到时由沈从文九妹按约定时间从上海发过来，这样可以免除老母亲的猜疑。

原本按计划，沈从文要离开上海前往武汉大学受聘教职，但是这一段时间胡也频的事情成为他最大的事，他十多次往返上海南京，到处打点求告，带着丁玲探监走访，延误了时间，武汉大学已经开学去不了，他就干脆留在上海陪同丁玲度过最艰难的时光。现在，为了安抚丁玲那位老母亲，他又自告奋勇担当陪同任务。

这是一次义薄云天的侠义之举。那个时候，整个国家都处在白色恐怖之中，而且军阀割据，战火不断，到处危机四伏，人们对"革命""共产党""左翼"等唯恐避之不及，沈从文却毫无惧色地往火坑里跳。他本来在右派的眼里就被当成左翼分子对待，加上这段时间为营救胡也频抛头露面，更是众所周知，在人们眼中强化了他和左派的关系，现在又陪着被镇压对象的遗孀回乡，危险可想而知。

他们沿长江溯江而上，抵汉口，穿洞庭，历经艰辛，终于回到故乡。老母亲见到女儿和外孙，喜出望外，抱着孙子亲个不够。丁玲忍着悲痛，强颜欢笑，尽量给母亲一个乖女儿的印象。沈从文则在一旁配合丁玲，唯恐惊扰这位含辛茹苦的母亲。晚上，巨大的悲痛在丁玲的胸腔排山倒海似地掀起狂澜，她死死咬着被子，才不让自己哭出来。

三天后，他们按时启程，老母亲含着泪花一直送到汽车站，她拉着丁玲的手反复叮嘱说："下次和也频一起回来，再不来我可要生气了。"丁玲赶紧背着母亲，不让她看到快要涌出眼眶的泪花，登上汽车。汽车带着丁玲和沈从文离开常德，他们从脏兮兮的车窗往后看，远远地，老母亲抱着孤雏还站立在风中，凄苦的身影慢慢隐退在苍山深处。

5月份，沈从文接到徐志摩从北京来的信，信中说①：

> 北京不是使人饿死的地方，你若在上海已感到厌倦，尽管来北京好了。北京各处机关各个位置上虽仿佛已满填了人，地面也好像全是人，但是你一来，就会有一个空处让你站。你那么一个人一天吃得几两米？难道谁还担心你一来北京米就涨价？

朋友深情亲切又略带幽默的来信，打动了沈从文。5月16日，沈从文再次踏上北京这座古都。临行前，他为丁玲作了安排，要自己的九妹陪伴丁玲。

他和丁玲虽身处北京上海南北两端，但是常常互通信息，互为支持。他们那份友谊在严酷的政治环境中继续发展。丁玲来信告诉沈从文她在上海生活的状况，白天到处演讲，很受大学生的爱戴，但是每次演讲完毕后，自己总是在思索意义在何处，还说大家劝她像白薇一样去教书，但是她自认为不是那块料。她晚上在家里写作，还准备创办一个刊物。她在信中和沈从文商量怎么办好这个刊物，刊物取名《北斗》是否好。有时还告诉沈从文她和九妹去看了几场电影等，事无巨细，一一在通信

---

① 沈从文：《记丁玲续集》//《沈从文全集》第13卷，北岳文艺出版社2002年版，第198-199页。

中与沈从文交流。她还请沈从文为她的杂志请几个文学名家赐稿。沈从文很高兴丁玲能够战胜悲痛，从事文学事业。他利用自己的声望和关系，发动了冰心、徐志摩、陈衡哲等一大批文学精英为丁玲的刊物捧场。

这段时间，丁玲在拼命用事业战胜悲痛，抵御孤独。她自身潜藏着的文学禀赋在这一刻得到更深的发掘和更好的张扬。她恢复了她的本性：她原本就是一个有着极高文学天赋的人才。从严格意义上讲，她个性中虽然具有一些"可以从事革命"的元素，比如争强好胜的性格，比如愿意抛头露面、轰轰烈烈干事业的性格，比如敢于冲破各种旧势力藩篱、打破旧制度的勇气等，但是，与此相反，她"不适宜革命"的性格也十分突出，比如敏感而细腻、单纯而天真、多情而直率、独立而具有个性等。在胡也频逝世后，她暂时回到了自己性格的本原位置之上，全力以赴为办好刊物、写好文章埋首苦干起来。这段时间，她和沈从文亲切而友好，平等而相知。她在谈到《北斗》顺利创刊时，满怀着喜悦①：

> 看见她们一些奶奶们都将要为我们这个杂志而重新提起创作的趣味，我觉得是非常高兴的事。她们或许要更来认真一下，努力一下，假使她们有了什么一点可贵的成绩，我觉得这也还是我们的成绩呢，所以我很快活。假如我能将她们一切已成的，过去的女作家们，已经为一种好的生活营养着，无须乎怎样努力了的，还和一些新的，充满着娇气和勇气，但不知道怎么样去努力的年轻的女作家们联结在一块，于一种亲切的友好的形式下握起手来，无间无忤的往前去，大家会在里面感到充实有意义一点。
>
> ……我觉得没有一句相当的话可以表示我感谢你的意思。你说的是。不过你放心，我不是希望在这方面得到成功的，我正惭愧在这方面的小小成功！
>
> ……你且等着看，倘若我过去日子，真如你所说的"那不幸的命运绊了一跤"，那么，"应当爬起来再走"的气概，又回到我的身边来了。

很快在《北斗》第一期上，这些常常被左翼作家激烈批判的作家的

---

① 李辉：《沈从文与丁玲》，湖北人民出版社2005年版，第89页。

作品得到集中发表。当然，这只是昙花一现。很快，丁玲这种办刊思想受到左翼作家的严厉批判。她那种符合本性发展的可能性被意识形态强力纠偏，她不得不听从指令，改变方向，结果刊物由于太"红"而引起国民党当局的注意，被迫停刊了。

  8月份，萧乾建议沈从文为《中国简报》写一篇纪念胡也频的文章。沈从文不仅允诺而且立即着手，9月5号就完成了初稿。在写作之初，沈从文曾经征求过丁玲的意见。丁玲回答说希望沈从文来写，她自己现在还写不出来，于是沈从文在青岛海边开始奋笔疾书。他从他们在北京怎样相识，带出丁玲，然后重点写胡也频和丁玲鲜明的性格。对胡也频的文学才气、献身革命的精神以及坦率、真诚、热情和勇敢的性格作了恰如其分的赞扬。文章写成后，他寄给丁玲征求她的意见。丁玲没有改动，只是说对胡也频的描述太主观了。

  对一个未经审判就施以极刑的共产党左翼作家胡也频，国民党当局肯定恨之入骨，当消灭不了他的思想之时，就只能采用世界上最愚蠢也是最有效的办法——消灭他的肉体。而沈从文却在胡也频肉体被消灭的当口，站在胡也频的立场上说话，也很可能被从肉体上消灭。他却毫无惧色，竟然用四万多文字，将他和胡也频的关系、胡也频的性格，以及胡也频与革命的关系一一展示出来。文章在10月4日的《时报》上开始发表，以连载的形式分34次发表。在第一次连载时，编者加了按语，隆重向读者推出沈从文这部力作。由于沈从文的名气、胡也频的革命者身份以及沈从文与胡也频、丁玲三人之间的文坛友情，《记胡也频》形成了洛阳纸贵的现象。从沈从文娓娓道来的文笔中，不仅看不出他在逃避什么，相反他坦然地昭告世人：他就是胡也频的好朋友！在他的笔下，胡也频就是一个不可多得的忧国忧民的人才[①]：

    由于生活而来的风雨，并不使这两个人[②]颓唐。尤其那个海军学生，由于我所观察到的，觉得这个人每日所需要的粮食[③]，已和我稍稍有些不同了一点。或者这仍然硬说是那个南方人性

---

[①] 沈从文：《记胡也频》//《沈从文全集》第13卷，北岳文艺出版社2002年版，第37页。
[②] "两个人"指胡也频和丁玲。
[③] "粮食"指精神粮食。

格的特征,耳朵所听到的,眼睛所看到的,有了一些新的机会,给他一些新的注意,因为另外一种营养,显然的,慢慢地在改造这个人的灵魂,表面消瘦了许多,灵魂却更健康许多。

他看到胡也频为革命在奔波,有一种朝气,他极为称赞,用抑自己、扬胡也频的手法,赞扬胡也频①:

> 望到那个跳跃的姿势,我常常心里想:这个人比我年轻多了,光阴在摧毁我,却成全这个人。

他不吝啬笔墨,对胡也频对理想信念的执着大加褒扬②:

> 这个海军学生,他知道他的笔,应当向那一方。他不追赶时髦,却选择许多自命为聪明人或根本瞧不上眼,或已中途遗弃的一个方向。他望到他那个理想的山峰,是那么远,那么同事实相悬绝,但他能目不旁瞬,十分诚恳的在那理想里度过每一个日子。

在附记中,沈从文高度评价胡也频的意义,并且以胡也频为榜样,要求读者想一想,人应当如何活着才有意义等③:

> 我觉得,这个人假若死了,他的精神雄强处,比目下许多据说是活着的人,还更像一个活人。我们活在这个世界上的,使我们像一个活人,是些什么事,这是我们应当了解的。

对胡也频,沈从文尽自己最大的能力为这个亡魂喊冤。在他的笔下,胡也频的形象是高大的。他对事业的执着、对理想的追求、对生活的祈望、对爱情的诚挚、对朋友的真诚,都被他娓娓道来的笔端形诸读者眼前。他把他当成一个真正的"人"、大写的"人"来赞扬。他爱胡也频。这种爱,远远超越一般的朋友关系,它建立在患难与共、生死同命的基础之上。正是由于他和胡也频的这种亲兄弟关系,他对丁玲的关心也是一样饱满而充盈。在从胡也频出事到后来丁玲突然对他冷漠,他冒死展

---

① 沈从文:《记胡也频》//《沈从文全集》第13卷,北岳文艺出版社2002年版,第38页。
② 沈从文:《记胡也频》//《沈从文全集》第13卷,北岳文艺出版社2002年版,第42页。
③ 沈从文:《记胡也频》//《沈从文全集》第13卷,北岳文艺出版社2002年版,第48页。

开营救工作：跑关系，探监，护送孤儿寡母回乡，安排妹妹陪同丁玲，为她缓释悲痛，写四万字的纪念文章，等等。可以说，在当时没有一个人在胡也频的问题上能够像沈从文那样不留退路、不计后果地奔忙。

即便是在北方，沈从文依然很关心丁玲的个人生活。他们常在来信中谈及情感生活。沈从文知道丁玲虽然十分爱着胡也频，但是现在什么也没有了，依她惯常的性格，她很难独自面对寂寞。她在情感上已经习惯了胡也频的宠爱，也习惯了年轻人那种糅合着复杂情感的吵闹，现在一下子情感空空如也，灵魂飘忽没有一个住所，肯定不好过。她有时候也在信中说她要讨一个太太，同男人一样，这个人要肯和她一起过穷日子，要知道爱她、敬她。她还说男人就知道图方便，找情人多从熟人中找，她却要在生人中找。从丁玲的来信中所讲的话，沈从文知道此时此刻她肯定非常需要一个精神同伴。关于这一点，《丁玲传》的作者丁言昭分析得十分到位[①]：

> 丁玲是个需要爱情滋润，但又极其敏感，争强好胜的女人。也许在她内心深处，潜在着强女意识。这或许是一种潜意识，丁玲并不自觉。在一个个如泰山压顶般的雄狮面前，丁玲总是在好胜与渴望中失去他们，而接踵来的，征服了她也满足了她痛失雄狮后的虚荣的，又总是文弱体贴的男子。她的悲剧是历史的，性格的，又是性别的，她一生就似乎在这两类男人中作悲剧性的旋回。

果然，沈从文后来得到消息，丁玲已经找到这样一个同伴了。这个人就是冯达。

尽管沈从文希望丁玲不要总是生活在一种孤独之中，但是冯达的出现还是让沈从文吃了一惊。他来信劝丁玲慎重一些[②]：

> 我因为这关系来得近于奇突，写信给她，就告她一切必得谨慎一些。自己业已不是小孩子了，既明白各处全是陷阱，仿佛倏忽而来的爱情，即或不是一种有意作成的陷阱，它将如何

---

[①] 丁言昭：《丁玲传》，复旦大学出版社2011年版，第113页。
[②] 沈从文：《记丁玲续集》//《沈从文全集》第13卷，北岳文艺出版社2002年版，第218页。

影响到她的事业，也总以多考虑些日子较好。

但是，丁玲对情感的渴求，使得她无法拒绝冯达平静而关爱、执着而冷静的靠拢。他不太爱说话，来了就聊天，聊红色故事，或者做饭打扫卫生，再就是一起躺在床上静静地听对方呼吸。用丁玲自己的话说她不了解他，他们之间相敬如宾。但是，毕竟他们同居了。沈从文的话在丁玲这里被耗散得一干二净。

1932年，沈从文来到上海，第一次见到冯达时，沈从文就起了疑心："如今见到这个人后，我那点疑心还依然存在。'脸那么白，如何能革命？'是的，我真这样疑心那个人。照我的经验来看，这种人是不宜于革命的。"[①] 有意思的是，不是共产党人的沈从文竟然用"如何能革命"和"不宜于革命"来作为丁玲选择男人的标准。冯达在沈从文心目中的形象肯定比不过胡也频。在性格上，他不够热烈，不敢担当，特别是为人不坦诚。这些是沈从文对冯达的基本判断。当然，在丁玲反复说明之后，沈从文在心里还是接受了这个沉静的青年。但是，事实不幸被沈从文言中了：冯达不仅不能干革命，而且还把极想干革命的丁玲出卖了。这对丁玲来说，实在是一个巨大打击和无情讽刺。

1933年5月14日，冯达因为要和两个通讯员联系，必须出去一趟。由于这几天他发现有人跟踪，很不放心，临出门前，特别与丁玲约定，如果中午十二点以前，两人中还有一个没有回来，肯定是出事了，另一个就一定要赶紧离开家。完了丁玲去正风文学院开会，冯达出门去看那两个通讯员。十一点半丁玲就回家了，不见冯达，等了一会过了约定时间，她立即收拾东西，准备出门，恰恰在开门之际，潘梓年转进门来。他们聊了一阵，见潘梓年没有离开的意思，丁玲心里非常着急。突然，门口一阵杂沓的脚步声，丁玲马上意识到情况不妙，果然门被强力推开，冲进来三四个陌生人，见着他们的装束和表情，她和潘梓年全明白了，都不做声。这些人一进来就在房间里翻箱倒柜。突然，丁玲看见冯达被人押进来！他看见丁玲，一副惊讶、悔恨的复杂表情，丁玲立即走过去怒目圆睁瞪着他。冯达没有说话，愧疚地低着头，呆若木鸡。丁玲心里一惊：莫非是冯达出卖了她？

---

① 沈从文：《记丁玲续集》//《沈从文全集》第13卷，北岳文艺出版社2002年版，第218页。

5月24日，上海《大美晚报》首度报道丁玲失踪的消息。25日，消息传到青岛，沈从文最不愿意看到、也是最为担心的事情终于发生了。一年多以前，他已经失去了一位好朋友，现在眼看又一位好朋友处于危险之中。面对政府这种恶劣行径，当天沈从文就愤怒地写出了《丁玲女士被捕》一文。算起来，他是当时中国文坛最早做出反应的作家。这一次，沈从文再也压制不住心中的愤怒，一改先前比较文雅的书生意气，仿佛一头愤怒的雄狮，向当局发出强烈的谴责[①]：

上海地方绑票案件极多，想不到还有政治绑票！

政府对于这类事情，按之往例，便是始终皆不承认。对于捕去的人，常常不经由正当法律处置，多用秘密手段解决。如往年胡也频君，因左翼作家运动失踪后，至今犹无人知道他所犯何罪，且不明白他的死去，究竟如传闻所说，用麻袋沉到黄浦江心呢？还是活埋地下呢？

政府对共产党的处置，几年来有他一贯的政策，为党，为国，为民族，不管用什么名称去说明，采用非常手段去扑灭它，残酷到何种程度，仿佛皆不足竟惊异。

……

丁玲只是一个作家，只为了是一个有左倾思想的作家，如今居然被人用绑票的方法捕去，毫无下落……国民党中近来对于文艺政策是未尝疏忽的，从这种党治摧残艺术的政策看来，实在未敢称赞。像这种方法行为，不过给国际间有识之士一个齿冷的机会，给国内青年人一个极坏的印象。……

如今丁玲女士究竟押在何处，无人明白，所犯何罪，也不明白。且据传说，则其人又有业已为某方害死的消息……政府既只知道提倡对于本国有知识青年的残杀，所用方法，即如何新奇，我也绝不至于因其十分新奇，另外提出抗议。因每个国家使用对知识阶级的虐杀手段时，行为的后面，就包含得全个的愚蠢。这种愚蠢只是自促灭亡，毫无其他结果。

沈从文在这篇短文中，已经顾不得什么修辞手段，他直接点了国民

---

[①] 沈从文：《丁玲女士被捕》//《沈从文全集》第13卷，北岳文艺出版社2002年版，第233-234页。

政府和国民党的名字，而且用词直接，毫不隐晦，他指责国民党对不同政见者使用的是"政治绑票"，所用的是见不得天日的"秘密手段"，这种手段"残酷到何种程度"！他认为对"知识青年的残杀""非常愚蠢"，他断言"这种愚蠢只是自促灭亡，毫无其他结果"。这简直就是一篇政治檄文！比当时所有声援丁玲的文章都更强有力、更加直接。

《丁玲女士被捕》发表之后，沈从文又接着发表了《丁玲女士失踪》。在文章中，他进一步揭露国民党政府的虚伪[①]：

> 我们对于上海市公安局的申明无可怀疑，因为拘留所若干青年政治犯中，当真未必有"丁玲女士"这个人的名字。这理由不出两点，极易明白：其一，丁玲被捉，不敢承认她是丁玲。其二，被捕由特务机关执行，直属南京某一方面，不必经公安局办理什么手续……
> …………
> 政府应当明白的是：对于一个作家秘密逮捕解决的手段不是一个明智的手段。作家没有一个兵，又没有什么党，他既只是用笔在成他的罪过于前，似乎也只能用笔写些什么抗议于后。但若同时大多数作者都来提倡政府的暗杀政策，提倡受迫害与被虐待者用暗杀对付政府行为作为报复时，政府得详细估计一下那种坏习气所产生的结果。

沈从文毫不留情地在文章中分析丁玲肯定是被他们捉去了，他在文章结尾处严重地警告国民党，如果他们一定要用这种暴力手段对付青年知识分子，那么别人也就会同样用暴力手段加以还击。沈从文的这种说法简直就是直接煽动造国民党的反。

沈从文不仅撰文发表反对政府暴力，而且同营救胡也频一样，积极参与各种营救工作。他一方面与蔡元培、杨杏佛、胡愈之、叶圣陶、郁达夫等38位文化名人一道联名致电南京政府，要求放人；一面又以私人关系到处找人营救丁玲。由于沈从文在为丁玲奔走呼号中冲锋在前，引起了一些宵小之人的攻击。一个叫张铁生的在《庸报》上著文毁谤沈

---

[①] 沈从文：《丁玲女士失踪》//《沈从文全集》第13卷，北岳文艺出版社2002年版，第235-237页。

从文。沈从文在王芸生等人的支持之下,加以反击,准备向法院起诉。后来,《庸报》不得不为他们的所作所为进行道歉。

在继续为丁玲奔走呼号的同时,沈从文充满激情地用了几天时间完成了《三个女性》这部以丁玲为原型的小说创作。小说主角梦珂的名字,就是丁玲小说《梦珂》的谐音。在小说中,沈从文写了三个在海边避暑胜地游玩的女性,她们在聊天中,谈到外地一个叫做梦珂的女人。他在这里借用三个女人的议论,将没有出场的梦珂(丁玲)热烈地颂扬了一番[1]:

"她不俗气,当真的。她有些地方爽直得像个男子,有些地方男子还不如她!"

仪青又说:"我希望她能来,只有她不俗气。因为我们三个人,就如蒲静,她自以为有哲学见解反对诗,就不至于被树木所笑。其实她在那里说,她就不至于坠入'言诠'了。"

蒲静说:"但她一来我想她就会说'这是资本主义下不道德的禽兽享乐的地方。'好像地方好一点,气候好一点,也有罪过似的。一定要弄得乱取八糟,才像个革命环境。这里树木虽不嫌她如我们那么俗气,但另外一种气候我觉得也不很雅,也够人受!"

仪青说:"这因为你不认识她,你见过她就不会那么说他了。她的好处就正在这些方面也可以看出。她革命,吃苦,到吴淞丝长里去做一毛八分钱的工,回来时她看得十分自然,只不过以为既然又百十万女人,常年在那里做工,自己要明白那个情形,去做就得了。她做别的苦事危险事也一样的。总不像有些人稍微到过什么新生活荡过一阵,就永远把那点经验炫人。她虽那么切实工作,但她如果到了这儿来,同我们在一块,她也会同我们一样,为目前事情好笑,决不会如某种俗气的革命家,一见人就直说:'不好了,帝国主义瓜分了中国,×××是卖国贼'。她不乱喊口号,不矜张,这才真实能够革命的人!"

---

[1] 沈从文:《三个女性》//《沈从文全集》第 13 卷,北岳文艺出版社 2002 年版,第 370-371 页。

黑凤因为蒲静还没见到过梦珂，故同意仪青的说明，且说："是的，她真会这样子。她到这儿来，我们理解她，同情她那份稀有的精神，她也能理解我们，同意我们，甚至欣赏我们的种种。这才是她的伟大处。她已经很出名，事情有做得多，但是你同她面对时，他绝不会让你感觉到什么压迫。她处处像一个平常人，却有使你们爱她而敬她。"

在这篇小说中，沈从文出于对丁玲的关爱，对她多舛命运的关注，打破了他对文章要"节制"和"含蓄"的审美追求，比较直露地表达了对丁玲的夸赞。

在接连发表几篇关于丁玲的文章之后，沈从文感到还有很多话没有说完，丁玲究竟是失踪了还是被杀了？抑或是小报上所说的自首了？一直没有定论。她现在究竟怎样？是死了还是活着？死是怎么死的，活是如何活着？都不知道，这是沈从文万分关切的。但是，对于国民的质问，国民党当局总是遮遮掩掩，不敢承认。强烈的关切和悲愤，促使手无缚鸡之力的作家沈从文只得动用自己最拿手的武器——文字，开始撰写丁玲的长篇传记，用十几万字的篇幅向世人介绍丁玲，用感人的笔调真实地记述丁玲作为一个"人"的伟大和真实之处，用她鲜活生动的可爱、可敬和可佩的"人"的形象，解构国民党对于共产党人的妖魔化歪曲。这部大作从7月24日起，在王芸生编辑的《国文周刊》上开始连载，作品一登出就成为当时最受读者欢迎的作品。编者王芸生在给沈从文信中就说过："《记丁玲女士》一文，已博得读者欢迎。"沈从文在这篇传记中的用词和态度比《记胡也频》更进一步。首先，从当时被删的三万字来看，就可推想传记中一定有很多是当局者不高兴且十分头疼的批判性话语。再者，在传记中，他对国民党和它执政的政府所做的批判，从其尖锐性、直接性和批判性看，已经分不出是左翼作家还是沈从文的笔调，简直比左翼还左翼，比革命文学还革命文学[①]：

我们皆不应当忘记，这两个作家，是在中华民国党治独裁的政体下，因个人政治思想与政府相左，两年内先后突然宣告

---

[①] 沈从文：《记丁玲女士跋》//《沈从文全集》第13卷，北岳文艺出版社2002年版，第228页

失踪的。他们虽生在有法律的国家中,却死在莫名其妙的境遇里。政府对于这种失踪,仿佛毫无责任可言,只是推诿并不明白这件事,且绝不承认有这种事。对于这件事既不是政府的责任,也不算国民党的责任,那么,应当归谁去负责?

这是毫不讳言的质问!是抓住不放的穷追猛打!这种语气,就是被人说成是共产党的代言人也不为过。

行笔至此,沈从文几乎还不解气,他面对广大人民,强烈地进行"煽动"[①]:

> 他们是为你们的原因,生时过着极艰难的日子,到后来还为你们很悲惨地死去的。他们的努力,只是为了"这个民族不甘灭亡"的努力,他们的希望,也只是"使你们不做奴隶"的希望。他们死的陆续在沉默中死掉,不死的还仍然准备继续死去。他们应死的皆很勇敢地就死,不死的却并不气馁畏缩。只是我想问问:你们年轻人,对于这件事情,有过些什么感想?当不良风气黑暗势力已经到一个国内外知名的文学作家可以凭空失踪,且这个作家可以永远失踪,从各方面我们皆找不着一个能为人权与法律的负责者,也寻不着一个为呼吁人权尊严与法律尊严的负责者时,你们是不是也感觉到些责任?

这段话近乎"革命起义"的宣言!他继续写道[②]:

> ……我的意思,却是要你们从这个人的际遇中,明白你们自己所在的国家,是个什么样糊涂愚昧的国家,活到这种国家中,年轻人不止感到死亡无时的可怕,用你们就应当用各种抗议方法,来否认这个现象。
>
> ……他明白一页较新的历史,必须要若干年轻人的血写成的。(同这个社会种种恶劣习气作战,同不良制度作战,同愚蠢作战,他就不能吝啬精力与热血!)……他们强悍的生,悲惨的死,是永远不会为你们年轻人忘掉的!

---

① 沈从文:《记丁玲女士跋》//《沈从文全集》第13卷,北岳文艺出版社2002年版,第228页。

② 沈从文:《记丁玲女士跋》//《沈从文全集》第13卷,北岳文艺出版社2002年版,第229页。

当时，除了很多不同身份的人为丁玲之事在奔波、游说之外，鲁迅先生也是非常关心丁玲的主要人物之一。他是文化革命的主将、进步青年的精神领袖。鲁迅在丁玲被捕之后，主要做了如下事情：

与中国民权保障同盟联合发表至南京政府行政院汪精卫、司法部长罗文干营救丁玲和潘梓年的电报。

出席保障同盟讨论营救他们的会议。

建议出版丁玲的《母亲》，作为营救她的活动费。

在给申彦俊的信中说："丁玲女士才是唯一的无产阶级女作家"[1]。

在给增田涉的信中说："目前上海已经开始流行中国式的白色恐怖。丁玲女士已失踪（一说已被惨杀），杨铨氏（民权保障同盟干事）被暗杀了。据闻在'白名单'中，鄙人也荣获入选……"[2]

在给《科学新闻》编辑等人的信中，谈到丁玲被捕的事情，说："至于丁玲，毫无消息，据我看来，是已经被害的了，而有些刊物还造许多关于她的谣言，真是畜生之不如也。"[3]

在给赵家璧的信中说道："顷查得丁玲的母亲的通讯地址，是：'湖南常德，忠靖庙街六号，蒋慕唐老太太'，如来信地址，与此无异，那就不是别人假冒的。但又闻她的周围，穷本家甚多，款项一到，顷刻即被分尽，所以最好是先寄一百元来，待回信到后，再行续寄为妥也。"[4]

在给李秉中的信中，回答萧军、萧红的提问[5]："蓬子转向；丁玲还活着，政府在养她。"[6]

对于丁玲被捕，鲁迅极为愤怒，他作诗一首[7]：

如磐夜气压重楼，剪柳春风导九秋。
瑶瑟凝尘清怨绝，可怜无女耀高丘。

客观地讲，在当时没有谁比沈从文给予丁玲最多、最直接、最强烈、最动感情的支持和帮助了，也没有谁比沈从文对国民党政府的揭露、批

---

[1] 丁玲：《丁玲文集》第八卷，湖南文艺出版社1991年版。
[2] 丁玲：《魍魉世界——南京囚居回忆》//《丁玲文集》第八卷，湖南文艺出版社1991年版。
[3]《鲁迅致李秉中的信》//《鲁迅书信集》，人民文学出版社1976年版。
[4]《鲁迅致李秉中的信》//《鲁迅书信集》，人民文学出版社1976年版。
[5]《鲁迅致李秉中的信》//《鲁迅书信集》，人民文学出版社1976年版。
[6]《鲁迅致李秉中的信》//《鲁迅书信集》，人民文学出版社1976年版。
[7]《鲁迅致李秉中的信》//《鲁迅书信集》，人民文学出版社1976年版。

判、嘲讽更为深刻和激烈了，同时更没有谁能够做到像沈从文那样将丁玲当成一个伟大的"人"，一个有着七情六欲、同时扎扎实实为民族崛起而精彩地生活着和奋斗着的"人"来讴歌。这就是沈从文，一个湘西汉子在朋友危难之际义薄云天的壮举。

无论后来两位伟大的作家之间发生过多少曲折，经历过多大的波澜，我们都诚挚地祝愿他们在天国能够像20世纪二三十年代结成的友谊那样活着。

立人读书沙龙（2015年卷）

# 第二辑 读书讲义

话语不是万能的，但话语一定是有效能的。一句知心的话顶得上一万句闲言碎语。

我们需要存对心，做对事，说对话。

学会选择：我们看时候，看地方，看对象，在礼貌与趣味的前提下，修饰我们的说话（朱自清）。

——覃新菊

# 读《论语》，悟人生

◎ 唐生周

## 一、关于《论语》的书名及篇、章

（一）关于《论语》的书名

《论语》是一部记载孔子和他的弟子以及再传弟子的言论及生活的书。书名《论语》的"论"应该读阳平 lún，是"编纂"的意思，即将有关的言论编纂成书。

班固的《汉书·艺文志》说："《论语》者，孔子应答弟子、时人及相与言而接闻于夫子之语也。当时弟子各有所记，夫子既卒，门人相与辑而论纂，故谓之《论语》。"

《汉书·司马迁传·赞》曰："而左丘明论辑其本事以为之传。"

赵岐的《孟子·题辞》曰："于是退而论集所与高第弟子公孙丑、万章之徒难疑答问，又自撰其法度之言，著书七篇。"

"论纂"即编辑、汇纂；"论集"即会集编排、编辑；颜师古注"论辑"曰："辑与集同"。《史记·酷吏列传》说赵禹"与张汤论定诸律令"，《集解》引徐广曰："论，一作'编'。""论定"就是论次编定。班固的"相与辑而论纂"之说，并不是个别孤立的语言现象，而是有语言基础的。汉人没有把"论"字作为孔子的专有品，孔子自己和别人从事著述，都可以使用"论"字。

（二）关于《论语》的编者

《论语》是谁编成的？首先可以肯定的是由孔子的弟子或弟子的弟子编纂的，因为书中提到孔子时总是称"子"，子是对男子的尊称，因而可以肯定《论语》不是孔子自己成书的。但是孔子的弟子如此多，孔子的弟子又有很多弟子,到底是哪一个呢?据研究,有人认为是曾参的学生编的,因为《论语》一书里,除了孔子以外,对曾参也称子,而且在《论语》中,对曾参的言行讲得最多。在孔子弟子中,曾参最小,之所以他会受到如此的尊重,除了此书是曾参的弟子写成的以外,还有什么人会如此尊重曾参呢?

曾参的弟子又会是谁呢?有人推测应该是子思。因为子思不仅是曾参的弟子,还是孔子的孙子。孙子编一本记录爷爷言行、反映爷爷思想体系的书,既有主观的愿望,也有客观的可能。而出土资料郭店楚简基本支持了《论语》是子思编纂的说法。

子思作为曾子的弟子,在曾子去世后地位特殊,有儒学领袖风范。说《论语》出于子思,不仅与以前学界的论证相合之处较多,更重要的是符合《论语》记载所反映出来的信息,与孔子之后儒学传承的实际比较吻合。

(三)《论语》的成书时间

《论语》中记载了曾子临终之言,因而该书成书时间的上限在曾子去世之后。那么《论语》成书时间的下限是什么时候呢?从《论语》中的句子被传世文献引述看,时间较早的是《孟子》,其中多次征引《论语》中的句子。这样,《论语》的结集时间可以初步定于曾子已死之后、孟子既生之前,具体时间大致在公元前428年至公元前372年间的不到六十年中。

据研究,子思在世的时间约为公元前491年至公元前400年。所以,《论语》成书时间的下限当在公元前400年以前。所以,《论语》成书的具体时间可以限定在公元前428年至公元前400年间的二十八年中。①

(四)关于《论语》的篇名

《论语》全书二十篇。为了称说方便,每篇有个篇名。《论语》二十篇篇名分别为:

---

① 杨朝明:《新出竹书与〈论语〉成书问题再认识》,《中国哲学史》,2003(3)。

| | | | |
|---|---|---|---|
| 学而第一 | 为政第二 | 八佾第三 | 里仁第四 |
| 公冶长第五 | 雍也第六 | 述而第七 | 泰伯第八 |
| 子罕第九 | 乡党第十 | 先进第十一 | 颜渊第十二 |
| 子路第十三 | 宪问第十四 | 卫灵公第十五 | 季氏第十六 |
| 阳货第十七 | 微子第十八 | 子张第十九 | 尧曰第二十 |

这些篇名并不是一篇的主题概括，而是根据一篇开头一句话中的某两个字取的。如《学而》因第一句是"学而时习之"，便截取前两个字"学而"为题。《季氏》因为开篇第一句是"季氏将伐颛臾"，便截取前两个字"季氏"为题。"学而"这两个字，一个是动词，一个是连词，二者单独组合在一起，既不是词，也不是词组，不成结构，毫无意义可言。因此，《论语》里面的篇名是没有含义的。

（五）关于"章"

篇下面是章，章是根据内容所划分的段落。每一章表达一个相对完整的意思。《论语》共 492 章。章有长有短，有的比较长，如"子路曾皙冉有公西华侍坐"章有321字，有时两句话、一句话就是一章，比如："子曰：'君子不器。'"，意思是孔子说：君子不像器物一样只有一定的用途。

## 二、《论语》的地位和影响

（一）《论语》成为经书的过程

《论语》是儒家的奠基之作，自成书以来，妇孺皆习，汉代便已成为读书人必读之书。东汉熹平石经刻经书七部，已有《论语》，这"七经"是：《易》《书》《诗》《仪礼》《春秋》《公羊》《论语》。在唐代其为"十二经"之一，在宋代为"十三经"之一，宋代朱熹著《四书章句集注》。《论语》为"四书"之一，是科举考试必考的内容，将《论语》的地位推向了顶峰。

（二）《论语》的影响

朱熹的《朱子语类》卷九十三："自尧舜以下，若不生个孔子，后人去何处讨分晓？""天不生仲尼，万古长如夜！"

北宋初年的宰相赵普对宋太祖说:"昔以其(指《论语》)半辅太祖定天下,今欲以其半辅陛下致太平。"后世将其浓缩为"半部《论语》治天下"。

孔子说:"己所不欲,勿施于人。"耶稣说:"你们想让别人怎么对待自己,就应该怎么对待别人。"但孔子早说了五百年。

法国作家伏尔泰在他房间所供的孔子画像下面写了四句话:"他是唯一有益理智的表现者,从未使世界迷惑,而照亮了方向。他仅以圣贤而从未以先知的口吻讲话。大家认为他是圣贤,甚至在全国也如此。"

1988年1月,世界75位诺贝尔奖得主在法国巴黎发表宣言呼吁:"如果人类要在21世纪生存下去,必须回头2500年,去吸取孔子的智慧。"

足利学校被称为日本最古老的学校。这里仍保留着宋代版本的《尚书正义》《礼记正义》《周易注疏》《文选》等,其中被指定为日本国宝的典籍就有4种77册。足利学校现在仍是日本展示和传播儒家文化的重镇,在大门口有孔子的雕像。进入学校,左侧有中国山东省济宁市赠送的巨大的孔子全身像,进入大成殿可以看到孔子的坐像。每年足利市民都在这里举行祭祀孔子的活动,举办《论语》讲座。足利市教育委员会从1992年起就编辑出版了《论语抄》,1999年又编写了面向小学生的《假名论语》,供小学生阅读。从2007年起足利市规定,从小学四年级到中学一年级的学生要在足利学校体验论语朗读。

日本的大企业家、大银行家、道德教育家涩泽荣一著有《日本人读〈论语〉》,其中说:

说到孔夫子本人,称得上知识丰富无可挑剔。自古以来的所谓英雄豪杰,都有超越常人的个人特色和长处,同时也有非同常人的缺陷,然而孔夫子既没有特别的长处,也没有让人能指出来的短处,因而可以称他是伟大而平凡的人。《淮南子·人间训》记载:

人或问孔子曰:"颜回何如人也?"曰:"仁人也,丘弗如也。"

"子贡何如人也?"曰:"辩人也,丘弗如也。"

"子路何如人也?"曰:"勇人也,丘弗如也。"

宾曰:"三人皆贤夫子,而为夫子役,何也?"孔子曰:"丘能仁且忍，辩且讷，勇且怯。以三子之能，易丘一道，丘弗为也。"

虽然孔子不如颜回之仁，不如子贡之辩，不如子路之勇，但他没有因为不如他人的仁、辩、勇而拥有缺陷和不足，他能让一切都合于中庸，无过与无不及，这正是孔子执一驭万的本领，这才是大本领。所以孔子仍能做颜回、子贡、子路的老师。

孔子自己也说："我年轻时，家里贫穷，能干各种活。"就是说各种工作基本上都通晓。《史记·孔子世家》记载孔子"通六艺"。"六艺"是指礼仪、演奏音乐、射箭、骑马、写作、算术，由此可推知孔子擅长各种工作。孔子晚年编著史书《春秋》，可见他历史造诣也很高。

孔子特别重视实践，孔门的学问，其实都是实践的学问，孔子告诉学生的，就是如何拿掌握的知识去引领社会、改造社会，因而《论语》的一字一句都能应用到日常处世上，说的都是可以即学即用的最基本的道理。

## 三、读《论语》，悟人生

### （一）做人篇

#### 1. 百事孝为先——《论语》教我们如何尽孝道

《论语·学而》：曾子曰："慎终，追远，民德归厚矣。"

《论语·学而》：父在，观其志；父没，观其行；三年无改于父之道，可谓孝矣。

《论语·学而》：弟子入则孝，出则悌，谨而信，泛爱众而亲仁，行有余力，则以学文。

《论语·泰伯》：君子笃于亲，则民兴于仁。

《论语·为政》：子游问孝，子曰："今之孝者是谓能养。至于犬马皆能有养，不敬，何以别乎？"

《论语·为政》：子夏问孝，子曰："色难。有事，弟子服其劳；有酒食，先生馔，曾是以为孝乎？"

《论语·里仁》：子曰："事父母几谏，见志不从，又敬不违，劳而不怨。"

《论语·里仁》：有子曰："父母在，不远游，游必有方。"

《论语·为政》：孟武伯问孝，子曰："父母唯其疾之忧。"

《论语·为政》：孟懿子问孝。子曰："无违。"樊迟御，子告之曰："孟孙问孝于我，我对曰：'无违。'"樊迟曰："何谓也？"子曰："生，事之以礼；死，葬之以礼，祭之以礼。"

2．恕——推己之谓恕

《论语·卫灵公》：子贡问曰："有一言而可以终身行之者乎？"子曰："其恕乎！己所不欲，勿施于人。"

《论语·公冶长》：我不欲人之加诸我也，我亦欲无加诸人。

——我的自由以不妨害他人的自由为前提。

——我虽不赞成你的意见，但我抵死也要维护你说话的权利。

《论语·雍也》：夫仁者，己欲立而立人，己欲达而达人。能近取譬，可谓仁之方也已。

爱的情感主要表现为"忠"与"恕"两个方面。按照朱子的解释，尽己之谓忠，推己之谓恕。也就是说，"忠"是尽心竭力，尽己之心以爱人，是对于自己之要求，是自己的处事准则，把心放正，对于一切事情、对于一切人都要不偏不倚，要中正；而"恕"是推己及人，将心比心以爱人，用自己之心去体会他人之心，是对他人的态度。仁是忠与恕的合体，构成人的内心情感和以什么态度和情感去对待他人的准则，也是孔子思想的一贯之道，故其弟子曾参说："夫子之道，忠恕而已矣。"

3．君子有三戒——孔子教我们克服人性的弱点

《论语·季氏》：君子有三戒：少之时，血气未定，戒之在色；及其壮也，血气方刚，戒之在斗；及其老也，血气既衰，戒之在得。

4．好人，恶人——孔子教我们要有是非观念

《论语·里仁》：唯仁者能好人，能恶人。

### 5. 仁以为己任——孔子教我们要有社会担当

《论语·泰伯》：曾子曰："士不可以不弘毅，任重而道远。仁以为己任，不亦重乎？死而后已，不亦远乎？"

### 6. 无欲则刚——孔子教我们如何刚强

《论语·公冶长》：子曰："吾未见刚者。"对曰："申枨。"子曰："枨也欲，焉得刚？"

### 7. 文质彬彬——孔子教我们做一个高素质的人

《论语·雍也》：子曰："质胜文则野，文胜质则史，文质彬彬，然后君子。"

### 8. 自忧和自省——孔子教我们严格要求自己和正确认识自己

《论语·述而》：德之不修，学之不讲，闻义不能徙，不善不能改，是吾忧也。

《论语·学而》："曾子曰：吾日三省吾身：为人谋而不忠乎？与朋友交而不信乎？传不习乎？"

## （二）交友篇

### 1. 择友——孔子教我们要重视择友

《论语·里仁》：里仁为美。择不处仁，焉得之？

《论语·季氏》：益者三友，友直，友谅，友多闻，益矣。

《论语·子罕》：可与共学，未可与适道；可与适道，未可与立；可与立，未可与权。

### 2. 知人——孔子教我们如何择友

《论语·为政》：子曰："视其所以，观其所由，察其所安，人焉廋哉？人焉廋哉？"

《论语·公冶长》：始吾于人也，听其言而信其行；今吾于人也，听其言而观其行。

### 3. 超越自我中心——孔子教我们自处

《论语·子罕》：子绝四：毋意，毋必，毋固，毋我。

（三）为学篇

**1. 学的态度——孔子教我们好学**

（1）重视学习——把学习放在第一位。

《论语·学而》：子曰："君子食无求饱，居无求安，敏于事而慎于言，就有道而正焉，可谓好学也已。"

《论语·公冶长》：子曰："十室之邑，必有忠信如丘者焉，不如丘之好学也。"

《论语·里仁》：子曰："朝闻道，夕死可矣。"

（2）学习的方法——了解自己的不足。

《论语·子张》：子夏曰："日知其所亡，月无忘其所能，可谓好学也已矣。"

《论语·泰伯》：子曰："学如不及，犹恐失之。"

（3）好学的最高境界。

《论语·雍也》：哀公问："弟子孰为好学？"孔子对曰："有颜回者好学，不迁怒，不贰过。不幸短命死矣！今也则亡，未闻好学者也。"

**2. 六言六弊——孔子教我们不学的后果**

《论语·阳货》：子曰："由也，女闻六言六蔽矣乎？"对曰："未也。""居！吾语女。好仁不好学，其蔽也愚；好知不好学，其蔽也荡；好信不好学，其蔽也贼；好直不好学，其蔽也绞；好勇不好学，其蔽也乱；好刚不好学，其蔽也狂。"

**3. 学的效用——孔子教我们学习之后的收获**

《论语·学而》：子曰："学而时习之，不亦说乎？有朋自远方来，不亦乐乎？人不知而不愠，不亦君子乎？"

《论语·为政》：子曰："吾十有五而志于学，三十而立，四十而不惑，五十而知天命，六十而耳顺，七十而从心所欲，不逾矩。"

# 话语的表达
## ——兼论刘震云《一句顶一万句》

◎ 覃新菊

纵观刘震云的创作经历，他先以《塔铺》《一地鸡毛》等"新写实小说"一举成名，随后的《温故 1942》《故乡天下黄花》《故乡相处流传》《故乡面和花朵》则转向了"新历史"，而《手机》《我叫刘跃进》又展现了他在影视小说方面的尝试。但不管题材、笔法如何转换，关注小人物或底层人物的生存境遇和生活态度，始终是刘震云作品的主题。《一句顶一万句》同样是立足于小人物，向读者展示了"平民的孤独"这个命题，揭示了生活在底层的从事各种不同职业的人们的生存体验——内心的孤独与无处诉说的苦闷。该作品荣获第八届茅盾文学奖。

小说通过对中国传统中真挚的知己意识的探讨，平实朴素地展示了国人心灵中普遍存在的孤独感与对知己的寄托。寻找知心话成为打动人心的根本力量，然而话语的表达不仅仅关涉话语的双方，还涉及强大而复杂的语言系统，涉及社会风尚、习俗与意识形态，因而话语的表达常常会造成误解、伤害。因此，这是一部关于孤独、关于寻找、关于话语表达的小说。

在语言的背后，如果说弗洛伊德展示的是"冲突的世界"；海德格尔展示的是"虚无的世界"；萨特展示的是"厌恶的世界"，加缪展示的是"荒谬的世界"，维特根斯坦展示的是"荒漠的世界"，那么刘震云展示的则是"孤独的世界"。

# 一、乡民的孤独与寻找

（一）孤独与寻找的精神话题在乡民生活中普遍存在

中国并不缺乏反映孤独的文学作品，但大多成了奋斗者、精英人士的专利。刘震云将这种界线彻底打破，深入社会各个阶层——不同姓氏、不同职业、不同身份的社会底层的"乡民"，他们在心灵深处同样存在着孤独。评论家李泽厚说，读了《一句顶一万句》，我们才忽然发现，原来，关于中国人，关于中国人的心、身、命与我们的聒噪沉默和忙碌奔走，我们都还所知甚少。思想者往往以天、大自然、历史圣人等作为个体思想的知己而得到释然。但是，平凡的人却难有这样的思想转移，它们只是一群精神上无奈的漂泊者，对自我和周遭充满了疏离感。"寻找"这一旅程发生在知识分子之间，我们认为是理所当然的，毫不为怪，但它发生在乡村，发生在沉默的大多数之间，打破了文学史的常规与框架。精神的漂泊与对其的追索并不仅存在于所谓的高等生命之中，而是人类普遍存在的一种处境。2009年3月18日，刘震云在接受《新京报》专访时说："痛苦不是生活的艰难，也不是生和死，而是孤单，人太多的孤单。"也正是在这个意义上，小说被冠以"中国人的千年孤独"这个夸张性的标题。

一个卑贱的农民可以理解人与人之间对话的可贵，并把这种友情中的理解沟通看成人的生活中的重要价值，这无疑是一件令人惊异的事，它超出了我们过去对农民刻画的所有高度。直到现在，我们也并未发现多少深刻描写中国农民自我意识的自然本真作品。就是在这点上，该小说与其他官场小说、言情小说区别开来。

（二）去历史化，对"说话"的兴趣与忧虑

该小说分两部分：出延津记和回延津记，虽延宕百年历史，但并不具备史诗般的叙事特质。刘震云描写了20世纪上半叶的中国农村，几乎是一个与世隔绝、与中国大历史隔绝的社会。而同为乡土叙事小说，铁凝的《笨花》写抗战50年的波谲云诡，试图用乡土生活的坚实性抵御历史暴力；以奇绝诡异著称的莫言也开始将文笔投向故乡，写出了《生死疲劳》《蛙》，并荣获茅盾文学奖。刘震云写的是人的历史，而不是历史中的人。《一句顶一万句》上下两部也没有形成个人完整的历史，个人的生活也没有完整性。贱民没有历史，连自己的名字都无法确定：杨百顺、杨摩西、吴摩西、罗长礼，这是一个"无名的时代"。"改名"有其象征意味。他让乡土生活离开了历史大事件，专写最卑微、粗陋的小农生活，他们生活在历史之外，过着他们自己"无历史"的生活。作为个体，历史也是由无数个偶然、巧合与不经意而改变的，顺其流走，任其飘荡（杨百顺与父亲怄气离家出走，路遇老裴，殊不知救了老裴，跟老曾学杀猪去了），从而构成个人不定的历史、无法把握的历史、随机的历史。当历史暴力被消解之后，作家转而表现出对底层日常生活的关注。在这部作品里，作家表现出对说话的兴趣，展现内心的暴力，不觉间又被语言所戏弄。

传统的乡土文学书写采用的是知识分子的批判立场，"拒绝多于接受"。刘震云在《故乡天下黄花》里，毫不留情地对故乡的庸俗、市侩进行实用主义的、世俗主义的描写与批判。日本扫荡，邻村乘机卖棺材。《一地鸡毛》也是近乎描写一种冰冷的真相。而刘震云这部作品里表现出了少有的温情，在《一地鸡毛》《一腔废话》中关注乡民的精神状态。刘震云在接受采访时说："我不认为我这些父老乡亲，仅仅因为买豆腐、剃头、杀猪、贩驴、喊丧、染布和开饭铺，就没有高级的精神活力，恰恰相反，正因为他们从事的职业活动特别低等，他们的精神活动越是活跃和剧烈，也更加高级。"刘震云的小说营造出了一种特别的氛围，即朋友之间的说话如此重要。

## 二、孤独的说话

### （一）亲情、爱情与友情

#### 1. 亲情——家庭伦理的无望

杨百顺与父亲兄弟，牛爱国与母亲，曹青娥与养父母，老姜一家，老曹一家"一辈子不说话"。甚至牛爱香四十岁结婚，也以与老宋的儿子们断交作为结婚的条件。

故事为杨百顺与牛爱国两个主人公创设了先天的家庭缺陷，他们都有丧失配偶的知心,且配偶均有外遇,都没有父或母的悉心交流,都狂躁,欲杀人。偶然的知心话却熄灭了狂躁,继而朋友的知心话成为生存下去的理由。按说相濡以沫的亲人本应该是最亲近的人,然而在小说中却是最遥远的存在。亲情并不能让小说中的人物找到"听"得懂他们"说"的话的人,也许陌生人比自己的亲人更能舒缓自己的孤独感。如老裴对杨百顺而言比亲人更说得来。无法"说"是因为没人"听",或者"说"了也没人"懂"、没人"理解"。比如,杨百顺没法和父亲说清楚自己的打算,几十年后,他的养女曹青娥有事也没法和亲人说——"儿女在世上都不如意,让曹青娥有话无处说"。"血浓于水"的亲情改变不了"说"的无望。

### 2. 爱情——婚姻的错位

杨百顺与吴香香"不对脾气",牛爱国与庞丽娜"说不上——找话——离开她,连话和说也没有了,怕的是这个"。还有曹青娥与牛书道、杜青海与老婆、老裴夫妻、老汪夫妻、老吴夫妻、老曹夫妻、李昆夫妻……"说不上话"。所以陈晓明说,家庭不是友爱的场所,只是生产作坊。

### 3. 友情——至高又至玄

蒙田在论及友谊时指出,我们通常所谓的朋友和友谊,只是指由心灵相通的机遇相联结的频繁交往和亲密关系。在我所谓的友谊中,心灵互相融合,且融合得天衣无缝,再也找不到联结处。若有人逼问我为什么喜欢他,我感到很难说清楚,只好回答:"因为是他,因为是我。""友谊是一种普遍和通用的热情,它平和稳健,冷静沉着,经久不变,它愉快而高雅,丝毫不会让人感到难过和痛苦。"

按说,友情使人物摆脱了家庭和家族而成为个人"横向的爱",或许刘震云在此揭示了中国农民进入现代的另一种方式,那是他们从内心发出的"既古老又现代"的说话愿望而开始的新型方式,不需要经过历史暴力和阶级斗争就可能进入的另一条现代路径。可是,情况如何呢?

老杨与老马"抓阄,攀亲",杨百顺与老裴、老曾,杨百利与牛国兴、老万"喷空""说话不对心思",老秦与老李的"儿女婚事错听闲话",老丁与老韩"拣布袋毁情谊",老韩与老曹"同为拣布袋,又建立起几十年的交情",牛爱国与冯文修"帮架、割肉伤和气",杜青海"放哨时偶遇投机、戈壁、滹沱河却无话可说",陈奎一的"工地、澡堂子",他们无不流露出表达的尴尬。

(1) 老杨与老马 (4~5页)。

老李觉得卖豆腐的老杨和赶大车的老马是好朋友,便把老杨的座位,空在了老马身边。老李以为自己考虑得很周全,没想到老马急了:"别,快把他换到别的地方去。"

老李:"你们俩在一起爱说笑话,显得热闹。"

老马问:"今天喝酒不?"

老李:"一个桌上三瓶,不上散酒。"

老马:"还是呀,不喝酒和他说个笑话行,可他一喝多,就拉着我掏心窝子,他掏完痛快了,我窝心了。"

又说:"不是一回两回了。"

老李这才知道,他们这些朋友并不过心。或者说,老杨跟老马过心,老马跟老杨不过心。

(2) 老丁与老韩 (拣布袋,丢一个朋友,又得一个朋友。239~240页)。

吃早饭的时候,老丁来了。老韩以为老丁来商量秋后打兔的事,老丁却开门见山:"听说嫣红昨天捡了个布袋?"

老韩知道昨天嫣红和胭脂在一起,便说:"回来让她妈打了一顿,布袋里是半袋干粪。"

又叹息:"老话说,拾布袋是气,不知应到哪一宗。"

老丁比老韩小两岁,笑了:"哥,俺胭脂当时摸了摸那布袋,里边好像是钱。"

老韩知道瞒不住了,说:"还不知是哪个买卖铺子的生意人,不小心丢在了路边;没敢动,等着人家来认呢。"

老丁:"要是没人认呢?"

老韩有些不高兴:"没人认,再说没人认的事。"

老丁:"要是没人认,咱就得有个说法。"

老韩:"啥说法?"

老丁:"这布袋是胭脂和嫣红一块捡的。"

老韩急了:"布袋现在我家,咋是你闺女捡的?"

老丁:"我听胭脂说,她俩一块跑到布袋跟前;嫣红比胭脂大一岁,欺负了胭脂。"

老韩拍了一下大腿:"老丁,你想咋样吧?"

老丁:"一人一半。别说是两人一块捡的,就当是嫣红捡的,胭脂在旁边看见了,俗话说得好,见了面,分一半。"

老韩:"老丁,你这不是要浑吗?"

老丁:"我不是在乎这个钱,是说这个理。"

老韩:"你要这么说,咱俩没商量。"

老丁:"要是没商量,又得有个说法。"

老韩:"啥说法?"

老丁:"就得经官。"

就这样,老丁、老韩两个好朋友本有着共同的爱好,一起打兔子、听梆子戏,就因为一个钱袋,一个要分羹,一个要独吞,多年的情谊交得不堪一击。生活充满了辩证法,老韩又得一个朋友,老曹。老韩托人捎信请老曹听戏。

(3)老曹与老韩(245页)。

老曹收到口信后,却有些犹豫。老曹喜静,不爱热闹,也不爱听戏,加上岁数大了,本不愿去;就是去,也想带着老婆女儿一块去,路上做个伴。但她们皆嫌路远,不去。……但老曹知道沁源县牛家庄的朋友老韩爱听戏,也爱唱戏,拗不过这情谊,六月初五一早,只好只身一人动身去沁源县。待得出门,在街上碰到"温记醋坊"的经理小温。现在小温看老曹出门打扮,背着干粮,便问:

"叔,哪里去?"

老曹:"经理,去沁源县听戏。"

接着将听戏的事,一五一十对小温说了。又说:

"不为听戏,为朋友一句话;一百多里,让人捎过来不容易。"

（4）牛爱国与冯文修（割肉伤和气，289页）。

庞丽娜私奔了，前几天才跟朋友冯文修掏心窝了，但在盖厨房时，出了一件事。牛爱国到县城东街冯文修的肉铺割了十斤肉。心里正乱，割完肉，忘了给钱，就从东街拎回南关。给牛爱国割肉的是冯文修，到了晚上，冯文修的老婆老马来收账。老马走后，牛爱国心里有些难受；不给钱不是有意的，同学一场，常在一起说知心话，怎么晚上就来收账？当晚喝酒，乱言，被与冯文修相好的老肖听了去，并将这话原原本本转给了冯文修。冯文修本不知道老马收账的事，如冯文修自己知道了，定会骂老马；现在经牛爱国嘴里说出来，又经老肖传过来，冯文修也赌上了气。虽然是朋友，难道就可以白吃肉？这是做生意，不是开舍粥场。乘着酒兴，也乱言："没想到二十多年的好朋友，不值十斤猪肉。"

"活该，老婆让人睡了。"

又说："老婆被人睡了，这窝囊废也没辙。"

又说："出事是现如今吗？满县城谁不知道。他戴了七八年绿帽子。"

又转了一个话头说："看他老实吧，他的心也毒着呢。"

接着推心置腹对老肖说："三天前他告诉我，想杀小蒋。"

又说："想杀小蒋没啥，他亲口告诉我。又不杀小蒋，想杀人家的儿子，让人家一辈子难受。"

又说："自己的老婆，自己管不住，他不怪自己，也要杀人家。"

朝地上啐了一口唾沫："他是谁？他是个杀人犯。"

看官你听听，这是朋友说的话么？话过了几道嘴，完全变味了，几十年的情谊就这么轻而易举的凭着几句酒话以及传话给毁了。

小说中，作者试图用友爱伦理替代家庭伦理。然而，其结果是双重失望、双重解构。不过，在友爱领域，还是给予了几道光亮，这正是小说温情的地方。

（二）"说得上"是最高法则

小说谱写了孤独意识的普遍存在，也难得地表达了对知己的寻找。国人对知心话的渴求超越了财富、道德、人伦、名望乃至社群的认同。寻找知心话成为打动人心的根本力量，似乎"说得上"成为最高法则。

1. 有爱说话的

老裴媳妇娘家哥蔡宝林得理不饶人，老汪媳妇银瓶闲话不断，县长小韩热衷演讲——似乎作者对这类人没什么好感。

2. 有不爱说话的

杨百顺，老汪，老詹，县长老胡，牛爱国——老汪是一个孤独而深刻的哲人（26页）：

讲到"有朋自远方来，不亦乐乎"，徒儿们以为远道来了朋友，孔子高兴，而老汪说高兴个啥呀，恰恰是圣人伤了心，如果身边有朋友，心里的话都说完了，远道来个人，不是添堵吗？恰恰是身边没朋友，才把这个远道来的人当朋友呢。这个远道来的人，是不是朋友，还两说着呢。只不过借着这话儿，拐着弯骂人罢了（他媳妇嘴碎，闲话，爱占便宜。老汪感慨：什么是有朋自远方来，这就是有朋自远方来，拐着弯表示两人不合心）。

女儿灯盏溺水之后，他教授学生作文："不患人之不己知，患不知人也。"自己默写一段司马长卿的《长门赋》。老汪其中的两句话："日黄昏而望绝兮，怅独托于空堂。"终耐不住，到野地乱走，最后流落他乡："不为找娃，走到哪儿不想娃，就在哪儿落脚。"

这几乎就是主人公杨百顺的前世影子，可能是为了传达轮回的力量，显示群体性的存在。

3. 有会说话的

（1）老曾媳妇："没开口先笑，一句话两种说法，她拣的是好听的那一面，坏话也让她说成了好话。"

（2）老秦：讲理"让人讲"，颇有苏格拉底之风。秦曼卿"通大理"（置气呢还是嫁女儿呢，理儿有三层）（76页）。

老秦哑嗓子，说话声音不高，遇事爱讲理。但他的讲理与镇上开生药铺的蔡宝林的讲理不同，蔡宝林讲理是自个儿讲，不让别人讲，好用自个儿的理把别人讲通，老秦讲理自个儿从来不讲，都是让人讲：

"这事儿我咋就整不明白呢？你给我讲讲。"

别人讲，他在那里听；而且一切须从头讲起，一五一十，来龙去脉，哪个环节也不能落下，哪个环节都不能出纰漏。可世上没有十全十美的事，任何一件事，理都不是一面的，是多面的，讲着讲着就出了纰漏，一出纰漏就被老秦抓住了：

"停停，这个地方我咋又糊涂了呢？你再讲讲。"

等你把这个纰漏堵住，别的地方又出了纰漏。本来事情没那么多纰漏，也让你说得漏洞百出。一直讲到老秦听明白了，也就是你讲不下去了，老秦啥也没说，就已经得理了，老秦才算罢。老秦得理又不让人，眨巴着眼说：

"这可是你说的。"

所以老秦与人打交道，从来不动心思，都是别人讲着讲着改了心思。

（3）侯宝山（263页）。

攀起话来，曹青娥没有遇见过像侯宝山这么会说话的人。会说话不是说他话多，嘴不停，而是说起话来，不与你抢话；有话让你先说，他再接着说。

（4）老高（171页）。

也算会说话的，老高常说的话有三句。这三句话，常常插在事情的关键处，或是评判一件事情的对错；或是否定一件事后，这件事本来该怎么办，需要一句话铺垫，起个转承的作用。

第一句是："话是这么说，但不能这么干。"
第二句是："事儿能这么干，但不能这么说。"
第三句是："要让我说，这事儿从根上起就错了。"
然而背地里与朋友妻通奸。

### 4. 有传闲话的

皮匠老吕恶传老杨抓阄的坏话，老贺恶传杨百顺说老曾媳妇的坏话，邓秀芝误传秦曼卿少一只耳朵，老肖爱传闲话伤了牛爱国与冯文修，赵欣婷恶传话惹得牛爱国欲杀小蒋及其儿子。

5．有说得上的

杨百顺与巧玲"乘车、拉他回家、合谋"，吴香香与老高，老曹与曹青娥"村口等待、婚事夜谈"，老曹老婆与曹青娥，牛爱国与章楚红，宋解放与百惠。

（1）杨百顺与巧玲（168～169页）。

杨百顺离家出走，睡在稻草堆里。吴摩西叹息一声，又扯开麻袋片，准备睡觉。刚要睡着，听到有动静，仰身坐起来，发现巧玲站在自己面前，正在喘气。吴摩西以为巧玲和吴香香一起来的，吴香香在门外等着，让巧玲进来喊他。人不来找他，吴摩西心里有些发虚；有人来找，吴摩西反倒又赌起气来。

吴摩西："让你妈进来，我跟她有话说。"

巧玲："我妈没来。"

吴摩西吃了一惊："那你跟谁来的？"

巧玲："我自个儿来的。"

吴摩西心里又开始发虚："你妈让你来的？"

巧玲摇摇头："我妈让我一辈子不理你，是我自个儿偷偷跑来的。"

吴摩西突然想起什么："你不是怕黑吗？怎么跑这么远来找我？"

巧玲哭了："我想你了。明天该去白家庄拉面了。"

吴摩西潸然泪下。起身，拉起巧玲的手，重回了馒头铺。

诸位看官，啥叫一句顶一万句？这就叫一句顶一万句。一句贴心暖心的话，顶得过一万句废话。

（2）老曹老婆与曹青娥。

老曹老婆年轻时大骂女儿，两人常常拌嘴。就连曹青娥的婚事，"老曹老婆却认为曹青娥不是不喜欢牛书道，而是故意跟娘置气。看着娘喜欢，她才故意不喜欢"。这里存在着一个理解的错位，把一件事情弄成了另一件事情。然而，到了晚年，"话突然少了，对人笑眯眯的。老太太个子又高，挂着一根长柄拐杖，弯着腰与你说话，越发显得慈眉善目"。"两个吵了半辈子架的人，开始相互说得着。"夜半聊天时又说："妮，咱再说点儿别的"，"说点别的就说点别的"。车站相送与临终喊话的情节，无不让人动容，深感温情。

啥叫一句顶一万句？知心的话语再多，哪怕是一万句也不嫌多。所以，海德格尔说，语言是存在的家。

（3）三个小女孩：灯盏——巧玲——百惠。

小说为什么安排老汪的心肝女儿灯盏溺水而亡，安排与杨百顺说得上的养女巧玲失踪？这可能是作者刻意削弱在血缘和人生际遇里寻求知音的可能性。然而国人对天国与神又是那么的隔膜、错位，似乎将寻找推向了绝望的边境，作者为了更深程度地表现把解救人类孤独的使命置放到人间，又塑造了百惠这个知心的可人。本来牛爱国的姐姐老大不小了，她说："姐现在结婚，不是为了结婚，就是想找一个人说话。"可是结婚之后，一天到晚，跟他一句说不来（书332页）。

一次牛爱国与宋解放在一起说话，宋解放倒说："老弟，我跟你姐结婚，算结值了。"

牛爱国："我姐除了脾气不好，啥事心里都明白。"

宋解放："我说的不是你姐。"

牛爱国："那是谁呀？"

宋解放："是百惠。过去我不会说话，自从有了百惠，我变得会说话了。"

牛爱国倒哭笑不得，真是阴差阳错。

（4）三任县长。

老胡（闷葫芦，木匠，善终），小韩（小嘴不停，办学演讲，积怨），老史（手谈，连带下台，老费省长顶撞呼延总理，"话说绝"）。

（5）"喊丧""喷空"的隐喻功能。

"喊丧"，按陈晓明的理解，具有双重隐喻功能：一方面是借用死者的权威和恐惧，利用鬼魂的超自然的力量，来规划和建构亲属的共同体（像清明祭祀一样）；另一方面，喊丧的人却有一种他者的地位，是旁观者，超然于死者的权威之外，是个孤独的人，是绝对的那个人。

什么是"喷空"？就是接话、答话，有想象力的编话。杨百利与牛国兴、牛国兴与老万，如此强烈地寻求说话的朋友，在虚构的话语中，在话语的虚妄之中，两个人建构起实的日子以外的虚，让交流双方感觉到交流的通道，而结果却归于荒谬。

所以，刘震云的人物试图找人"说话"，起因于内心的孤独，但越说越孤独，因为语言的误解，更因为人心的狭隘与自私。无论是家里还是家外，这里面的人物都试图寻找交流，寻求说知心话的朋友，但友爱却终归要破裂。这里呈现的孤独是绝对性的、普遍性的，友爱总是呈现为一个暂时性的结构。要么呈现为绝境中的友爱，要么呈现为暂时性的友爱。之所以说是绝境中的友爱，是因为里面说得上的友爱有偷情、私奔，如吴香香和老高，庞丽娜和姐夫，只为"说得着"就私奔而去。通过说话，使绝境中的不伦之恋、不义之爱获得了独有的合理性，似乎"说得着"成为人存在的最高法则。因此，《一句顶一万句》呈现出的友爱是暂时性的友爱。之所以说是暂时性的友爱，是因为我们不知道会跟谁说得上，也不知道什么时候会说得上，更不知道什么时候是什么原因使这好不容易构建的情谊就轻而易举地被毁了。他所书写的友爱总是被世俗的困境所包围，处于偶然开启与随意关闭的状态。因此，一句知心的话顶得上一万句废话、闲话、恶话。

生活在这个悲凉的人世间，行走在这片苍茫的大地上，注定是如刘若英所唱：一辈子孤单，孤单一辈子。学会一个人生活。

对于身边之人，我们到底该怎么做呢？

## 三、超越语言

（一）关于说话的摘录

（1）话多不一定能占上风，还看谁能说到理上。（吴香香父母）

（2）爱不爱说话，也看跟谁在一起。（牛爱国与庞丽娜、章楚红）

（3）世上的人遍地都是，说得着的人千里难寻。（老韩与老曹）

（4）不为听戏，就为朋友一句话。（老韩与老曹）

（5）话又过几道嘴，完全变了味，当初说的心腹话，现在成了刀子，反过来扎向自己。（牛爱国与冯文修）

（6）咱再说点别的，说点别的就说点别的。（庞丽娜与小蒋，牛爱国与章楚红，老曹老婆与曹青娥）

（7）时候变了，场合变了，人也变了。（老曹老婆与曹青娥）

## (二)巴赫金的话语交往理论

巴赫金主张,话语即语言的运用,不仅是一套自成体系的语言系统与符号,也是一种个体心理学现象,还是一种社会学现象。因此,巴赫金主张从社会学的角度研究语言。他认为,话语不仅是一种意识形态现象,而且是"最纯粹和最巧妙的社会交际手段",具有"纯符号性、意识形态的普遍适应性、生活交往的参与性、成为内部话语的功能性,以及最终任何一种意识形态行为的伴随现象的必然现存性"(《马克思主义与语言哲学》)。

"实际上话语是一个两面性的行为。它在同等程度上由两面决定,即无论它是谁,还是为了谁,它作为一个话语,正是说话者与听话者相互关系的产物。……话语是联结我和别人之间的桥梁。……话语是说话者与对话者之间共同的领地。"(《马克思主义与语言哲学》)

语言通过表达进入生活,生活通过表达进入语言。表达具有以下一系列特征:言语主体的转换,表达的指向性、意愿性,表达的完成性,对现实、对真理的态度,表达的事件性,表达的表现性,表达的创新力,含义与完成的区分等(《言语体裁问题》)。

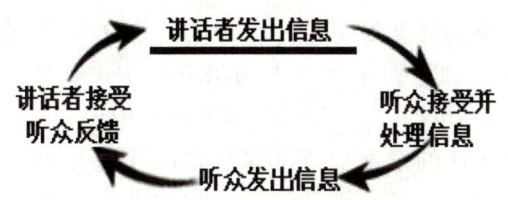

**说话者与对话者的信息传播图**

然而,小说中充满了大量的听与说的不对称。
(1)收获信息的不对等:老马与老杨,牛爱国与母亲。
(2)文化语境的"隔":老詹与杨百顺的对话(书107页)。

(杨百顺学杀猪、染布,逃出来之后,遇上老詹)老詹大感欣慰,几十年的教没有白传。又用手拍杨百顺的肩:"你想信主吗?"

老詹这话问人问过千万遍。千万遍的回答都是:"不想。"久而久之,老詹见人只是这么一问,往往不等别人回答,他已经提前自问自答:"你想信主吗,不想吧?"但令老詹没想到的是,杨百顺脱口而出:"想。"

杨百顺说完没有什么，老詹倒大吃一惊，好像不是他问杨百顺，而是杨百顺在问他。他不禁反问："为啥？"

杨百顺："我原来杀猪时，听你说过，信了主，就知道自己是谁，从哪儿来，到哪儿去。前两件事我不糊涂，知道自己是谁，从哪儿来，后一个往哪儿去，这几年愁死我了。"

老詹拍了一下大腿："主想引导众生的，主要就是这个，前两个说的都是过去的事，倒还在其次。"

杨百顺："我信了主，你能给我找个事由吗？"

老詹这时才明白，两人话说的一样，意思不一样，老詹愣在那里。

这"隔"，不仅体现在中西文化上，也体现在不同文化阶层、不同身份之间，甚至同文化同身份之间也会出现说话与听话的"隔"。

（三）语言系统与话语表达

杨百顺—老曾媳妇，老贺—老孔—老曾媳妇—老曾。"话过了好几道嘴，话已经转了。""原来一件事，中间拐着好几道弯呢。"

吴摩西—吴香香，唆使他杀人，得胜回来喊"亲人"时觉得不亲。为什么？只为自己出气，不顾对方死活。话不再是话了，成了别的东西。

语言是在人类长时期的累积中形成的一套文化的、历史的、民族的、心理的符号系统。伽达默尔在《人与语言》中说："语言是储存传统的水库。"苏联作家乌申斯基在《思维与语言》中说："人类一代一代地精心地把自己精神生活的全部痕迹都保存在民族语言中，语言是一条最生动、最丰富和最高尚、最牢固的纽带，它把古往今来世世代代的人民连接成一个伟大的、历史的、活生生的整体。"

在交往中，看得见的是话语以及指向的心路，看不见的是语言系统这座冰山。语言不仅是交流的工具，也是创造的工具。人在掌握语言的同时，语言也以它独特的结构方式使人处于文化的掌握之中。人表达语言，也被语言所表达。所以，在只习惯于把语言当作传达和交流思想的工具的人那里，如果语言仅仅被使用为传达和交流的工具，而无法显示自身强大的自我生成能力，那么，它同时也被使用为蒙蔽和歪曲的工具，变成了一堵墙、一副面具。在语言交流中，我们大多相信人的思想游荡在言语活动之中，却不知道思想被语言操纵。在话语交流中，交流双方的思想都嵌入了语言这个共同的社会结构和思维网络之中，在一种恰当的文化交流中，个体与他者是交流的合作者，我们的视域彼此向对方滑入，通过同一个世界而共同存在。然而，我们却大多不知道思想语言交流中被这个强大的"语言系统"即"共同的社会结构和思维网络"所操纵，常常把不快、扭捏、误会、曲解、伤害怪罪于说话人。"对话的渴望"演变成了"对话的风险"，这就是话语表达中的"言意矛盾"。

那么，在闲聊中，语言是一种磨损殆尽的语言残余，它只能滋生出"从众意识"和"庸众意识"。因而，"沉默"成为语言的可能性的本质，这种精神能量相当于"寂静的钟声"，是一种"无声的宏响"。曹青娥的沉默，实则表达对人世及子女的失望。庄子曰："真悲无声而哀，真怒未发而威，真亲未笑而知。"（《庄子·渔父篇》）可见庄子所看重者，也是言语内部、言语之下那种真实的心理状态，那种深邃的精神对于世界、对于生命、对于存在的体验。

问题是，这种言语之下的东西，与言语究竟有什么关系？

"语言的危机"，其实就是一场深远而亘古"心灵的危机"。"孤独的个体"（克尔凯郭尔将"孤独的个体"作为哲学研究对象）是人类生命存在的基本形态，因此渴望交往成为人类生命个体的一种强烈冲动。孤独是交往的依据和动力，交往才能使个体真正成为自己。这种寓孤独于交往的过程，是一个人既保持自己的独立又把自己向现实敞开的矛盾过程，也是一场"爱的斗争"。交往是沟通心灵地牢、摆脱心灵孤独的唯一通道，"诉说"与"倾听"是心灵交流的两种重要手段。问题是，语言真的具备沟通人们心灵的功能吗？

狄尔泰提出"体验—表达—理解"的精神科学，即体验生活世界，表达自我意识，理解人类历史。以"生命""人这个整体事实"作为精神科学的研究对象，长期与自然科学"划界"，试图使关于人类历史知识的确定性和客观性成为可能，探索生活的精神面孔。结果发现，生活的面孔嘴角上堆满了笑容，但双眼却充满忧伤。

一个"瞬间伊甸园"，孤独、寻找、无奈，这是文化的宿命。

【结论】

（1）话语不是万能的，但话语一定是有效能的。一句知心的话顶得上一万句闲言碎语。

（2）需要我们存对心、做对事、说对话。

（3）学会选择：我们看时候、看地方、看对象，在礼貌与趣味的前提下，修饰我们的说话（朱自清）。

# 读卢梭的《漫步遐思录》

◎ 陈　伟

先给大家讲个故事。有位年轻人一心向学，勤奋刻苦，夜以继日地写出了好几本研究孔子的学术著作。出版后受到热捧，并连续上头条。一位好事者，将此事告诉一位老人，这位老人一辈子读孔子，但没出版过一本专著。好事者问道："老人家，你怎么看？"老人这样回答："他是研究出来的，我是一辈子活过来的。"故事讲完了。下面分五个方面讲卢梭的《漫步遐思录》，这些都是我的个人感受，供大家参考。

**第一个方面：真诚的总结。**

我最先读这本书是13岁的时候，书名叫《一个孤独的散步者的遐想》，从一个退伍军人家里借来读的。

第一次读，最大的感觉是新鲜，认为卢梭写出了我写不出的很多字词和句子。当时，我认为自己的情况跟卢梭差不多。比如，我生活在乡下；除了偶尔坐手扶拖拉机，平素总是走路的，也经常到处走；在写作文之外，还喜欢在日记本上随性地写文字，而且写自己经历的事情居多；脑袋充满了奇思妙想和初生的情愫等。但我确实写不出他能写出来的文字。

第二次读，是在读了他写的其他几本书之后。记得清楚的至少有《论人类不平等的起源和基础》和《论科学与艺术》两本。因为这两本书都是我以丢掉了为借口，用十倍的价格从图书馆买的。那么贵，我好伤心，以致现在还记得。因为是自己买的书，就读得很慢。因为我想向卢梭学习怎么写简洁有力的句子，怎么写表面上舒缓、温和、宁静但实际上惊涛骇浪且有说服力的长句子。前面两次通读，都是将其当文学书读的。

第三次读，是今年初。当时有一段空档期，就想把卢梭的书全部再读一遍。读到《漫步遐思录》的时候，我突然明白，它不仅是第三本个人传记，也不仅是一般所说的散文或随笔集，而是一本思想著作。我承认，我当时只留下这么个印象。

为了这次到读书沙龙来跟大家交流，我又重读了一遍。我坚定了自己对《漫步遐思录》的整体看法。在日记里写了下面三点理由：

一、表面上，《漫步遐思录》是接着《忏悔录》和《对话录》进行的自我辩解式的自传性质的书，但实际上是独立的篇章。经过前面两部书，他已经比较充分地呈现了自我，同时找回了生活的信心。正因为这样，他才有条件对自己一生的思想进行总结。

二、往回看，卢梭一直是个喜欢用文学手法来表达思想的人。不管是《论科学与艺术》《论人类不平等的起源和基础》，还是《社会契约论》《爱弥儿》，读起来都有文学的影子。放宽一点理解，他本身是一个艺术家、一个作家。把他当哲学家、政治学家、社会学家来对待，是后来的解释者的做法。按我的看法，这些身份对卢梭来说都是合适的。

三、在这本总结性的著作里，卢梭的哲学思想主要包括自我哲学、天性、真理、内在资源、自然等几个主题，同时涉及幸福、情感与理性、爱与恨、个体性、孤独等次要主题。这些主题看起来跟平等、自由、契约等关联不大，却是前提性的，是对个体的充分认识。鉴于此，也可以说《漫步遐思录》是卢梭对自己以前的思想观念的反思。

四、卢梭正是"活过来"的那位老人家，只是他喜欢书写而已。这与他一生的思想或思想的一生是不可分离的。他在生命的最后时刻又回到了生命的起点，将自己的一生和所有思想贯联起来，并进行总结。那份真诚，为我等后来人做了榜样。

**第二个方面：流浪赤子。**

在座的大多是"90后"，在你们出生前的20世纪80年代，中国社会最流行的是流浪。当然，主要是在年轻人当中流行。那时候，几乎每个年轻人都有一个流浪的梦。要是时髦点，就是流浪歌手；要是再先锋一点，就是流浪歌手的情人。反正，我赶上了那个时代，也曾深陷其中。为什么会出现那样的社会现象？主要是改革开放后，西方各种思想的涌入带来了读书学习的热潮，一本学术专著可以卖出上百万册的时代里，读了书的年轻人难免在精神上要做流浪的梦。

之所以说这个往事，是因为卢梭是 18 世纪蜚声世界的流浪者。赫恩肖将卢梭的一生分为五个时期：不守规矩的男孩、超级流浪者、涉世之初、灵感迸发的疯子和被追捕的逃亡者。仔细想想，其实，他的五个时期都是在流浪，只是采取了不同的流浪方式而已。明明是散步，怎么就成了流浪？不管大家怎么看，反正我是这么看的。当然，我也说两点理由：第一，卢梭经常在巴黎近郊乡间长距离、长时间散步是真的，所写的十篇文章都是没有标题的，内容庞杂，有近有远，有事实有判断，有回忆有期望，有人有事有物，有情有理，就是没有统一的主题。简单地讲，就是有自由而没有方向的流浪。第二，没有谁能一边散步一边写作，我不能，你们不能，相信卢梭也不能。卢梭是坐在书桌前写作的。卢梭自己说："生活和我的气质是如此相合。"我相信，像流浪者用腿走在路上一样，卢梭用书写当腿，将自己的魂灵流浪在文字的路上。

这里，必须强调的是：跟他一生到处流浪不同，《漫步遐思录》中的精神流浪别有意味。一则，用他自己的话说，精神流浪之旅中的他"跟上帝一样泰然自若"。曾经的忧郁、冲动、激烈、汹涌、狂躁都安静下来了，他变得像沈从文教导黄永玉说的那般从容。二则，精神流浪不再依靠想象力，而是直接进入自然。他说："大自然永远向我露出笑脸。"乐观者都知道：只有自己脸上一直笑着，迎面而来的才会总是笑脸。由此可见他的境界。三则，那是一个自由个体的精神流浪。这个自由个体的形象就是孤独。孤独不仅是一个人走在路上，而是"虽千万人吾往矣"，是"万物皆有备于我"，是"我心即宇宙"，也是他自己所说的"我的心灵是别人无法夺走的惟一的东西"。四则，那是一个赤子的精神流浪。像尼采所说，经历三变，从骆驼到狮子再到了婴儿；也如老子所说，已经返璞归真如赤子。赤子就是本色。他说："宁处困厄之境而保持我的本色。"

**第三个方面：自然与浪漫。**

这一点，众多的卢梭研究者已经说得够多了。既然是《漫步遐思录》中的主要内容之一，我再说下面几点：

第一点，自然是卢梭的父母和老师。卢梭出生时母亲难产去世，十岁时被父亲抛弃，他是孤儿。可以说，是自然把他养育成人。或者说，在更大程度上，他是自然成人。例证是：当他住进埃皮奈夫人为其提供的"隐庐"时,他说:"只是从这一天起,我才开始生活。"正是住在"隐庐"的几年里,他写出了《社会契约论》《新爱洛伊丝》《爱弥儿》。在《漫步遐思录》中,也随处能发现卢梭与自然之间类似血缘关系的亲密倾诉。

第二点,独特的自然哲学。有三个方面:一是把天性当自然。他说:"除了无拘无束地听从我的天性行事之外,再也没有其他可以遵循的行动准则。"二是把内心当自然。他说:"他们学习是为了教育别人,而不是为了启发自己的内心。"三是把自由当自然。他说:"我从来就认为人的自由并不在于可以做他想做的事,而在于可以不做他不想做的事。"毫无疑问,在卢梭那里,自然是原初的、终极的、最好的。

第三点,卢梭坚定地反对基督教的人性恶论,但他不是完全意义上的性善论者,而是强调自然人性的人。卢梭挖掘、尊重、阐发、描述人的情感,他并不反对理性,但是肯定理性也有限度。这两个方面的发展,就是他的自然哲学和浪漫主义。

归结起来就是:卢梭崇尚自然美而贬抑艺术美,赞美情感的自然流露而反对理性的矫揉造作;用自由和美来替代荣誉和功利,用情感的权威来代替理性的权威,用个人的立场来代替群体组织的立场。就这样,他从自然走向了浪漫。

**第四个方面:脸和背。**

除了精神流浪、自然与浪漫之外,《漫步遐思录》中出现最多的,是他对自己与社会打交道特别是后十五六年打交道的回想、反思——就是散步中的遭遇,也是通往过去经历的一座桥梁。如何理解这一部分内容,说来话长。我用文学的手法,"王顾左右而言他"。我说脸和背。

人身上,脸与背是自己无法直接看到的。当然,这个就别跟我较真——你说:"后脑勺和五脏六腑也看不到。"那我立即就生不想说话的病了。想看到脸和背,需要借助镜子。通过镜子看见,是间接的,是不能自我确证的,需要先相信镜子,因而是不自足的,这是直接而哲学的说法。还有个比喻的说法。在比喻的意义上,那些当你的面和指你的背的人就是镜子。通过他人这面镜子,脸与背就成了名声、荣辱,也成了立心、立命、立功、立德、立言、开太平的另一种说法。换句话说,这些必定是他人赋予的。

脸和背只是自身的一部分。但当它们成为自己看不见的部分的时候，就特殊了。地位和性质就发生了改变，也就是与看得见的部分相对而存在，有了更多的要求。换句话讲，人要想完整，就必须把他者作为镜子。一个人可以不在乎名声、荣辱，可以不为立功、立德、立言而特别努力，但不能离开他者的眼睛，即不能没有他者对自我的反映或评价。换句话说，也许更好理解，即人生活在关系之中。世上没有不处在关系中的人，那些宣称不顾他者的人是在骗自己。他以为远离或打破了镜子，其实是不要脸和背而已。

　　卢梭说："我需要我自己的哲学。"他确实我行我素，甚至拒绝经验和推理，在文字间到处写下主观真理。但很快，他又让步了。他说："我爱己之心甚切，是不会去恨任何人的。"只是宣称不恨而已，他无法逃离他人。所以，他再来一句："我个人的命运和我的名声已经被这一代人一致确定。"因此可以说，卢梭之所以那么在乎他人的评价，之所以走向偏激、走向妄想的被迫害症，是他无力远离或打破镜子，是他太理想主义，即太在乎世界的幸福，也太在乎名声，太在乎自己的脸和背。他天性敏感，生活落后于时代而思想超出时代，也就难免以个人之力对抗时代的厄运。反过来想，要是他不要脸和背而骗自己一回，真不知道会成就一个怎样的卢梭。

　　到今天，卢梭已经三百多岁了。在他百年之后，历史出乎他的意料，为他证明了他独一无二的历史地位。正是他一直在挣扎与逃亡中、在被唾面和指背的经历中写下的那些文字，在正反两个方面都产生了深远影响。那些唾面和指背的人绝大多数被历史掩埋了。三百多年了，"瞧这个人"，卢梭还是活生生！

**第五个方面：言说或保持沉默。**

　　跳出《漫步遐思录》的内容，最后讲讲它的文体风格。我认为，风格是作家品牌得以形成的核心要素。关于卢梭的文体风格，我没话可说，只能借话来说。

　　卢梭自己这样坦承："我选择我自己的文体正如我选择其他事物一样。我不打算使它规格一律；我常常是碰到什么就写什么，我喜欢怎么用它就怎么用，没有什么顾虑；我讲说出我感到的正如我看到的每件事物一样，不必研究它的效果，没有什么约束，不为这混合体而自寻烦恼。""我的不一致的和自然的文体，有时很简短，有时很冗长，有时显得聪明，有时又显得狂妄，有时先悲后喜。"他说到做到，做到才说到。

罗曼·罗兰的评价是这样的："在大胆地表现自己时，他把自己剥得精光，并把它那个时代成千上万人被迫忍受的一起都暴露了出来。他解放了时代的灵魂，他教它打碎它的枷锁，教它认识和表达自己的思想。"

卢梭写自己与华伦夫人的交往只开了个头，那真是天意。关于《漫步遐思录》，关于卢梭，我不能再多说了。情人是陪着一起生活而不是用来宣扬的。对此请允许我保持沉默。

还有一些比较有意思的细节或话题，比如卢梭与华伦夫人的关系，他把五个孩子送到育婴堂去的行为，他中年和晚年的病，他知道那么多植物学知识的原因，他与百科全书派的友谊与敌对，他与一批贵族夫人的故事，他的思想是矛盾的还是统一的，他称自己是日内瓦公民的原因，他与休谟交往的故事，他的道德、教育、宗教等观念，他与人同居23年后才结婚的原因，他年少时撒谎的故事，为什么有人说他28年前死了，他的恋母情结与孤儿情结，他的音乐与戏剧，他的经济来源，等等，在《漫步遐思录》里直接或间接地都有所涉及。要是书友对这些有兴趣，大家说，我听着。

此前，读书沙龙上的老师带你们登堂入室，深察堂奥，我做不到那样。我只能站在路口，指出卢梭所在的方向。余下的得大家自己去找他、去读他。我就简单讲到这里，接着听各位书友说话。谢谢！

# 读书与做人

◎ 戴林富

各位老师、各位同学,晚上好!

应主持人之约,和大家交流"读书与做人"。实际上,这是一个老旧的话题,任何人都可以说出一二三四来。正因为"读书与做人"的道理及二者的关系大家都很清楚,所以,我感到特别地诚惶诚恐!在这里和大家交流四个方面的体会,不当之处,请大家批评。

## 一、为何读书

自古以来,人们把读书看得很重,北宋汪洙的《神童诗》有这样一句话:"万般皆下品,惟有读书高。"一般的解释为:所有行业都是低贱的,只有读书入仕才是正途。我记得在我读小学、中学乃至大学时,对于汪洙的这种观点是持批判态度的。到今天,重新审视,我觉得可以从另一角度去理解,那就是"读书能够使人高尚"。

中国是文明古国,几千年来,中华民族有热爱读书的传统。关于读书,古人有很多经典的劝导,比如:宋真宗(赵恒)的《劝学文》:"读,读,读!书中自有黄金屋;读,读,读!书中自有千钟粟;读,读,读!书中自有颜如玉。"其在《励学篇》中告诫道:"富家不用买良田,书中自有千钟粟。安居不用架高楼,书中自有黄金屋。娶妻莫恨无良媒,书中自有颜如玉。"如果我们从正面去理解,就是说,读书可以帮助人们获得财富,收获美满婚姻。

元代高明在《琵琶记》中说:"十年寒窗无人问,一举成名天下知",他以"头悬梁、锥刺股"的苦读精神来激励读书人追求做大官、发大财。《范进中举》中也说:"一士登甲科,九族光彩新。"说明读书不仅能为自己带来功名,而且还能光宗耀祖,等等。

这些见解，作为世俗的观点，自然有其消极的一面，但又极其精到地道出了读书的价值。在中国古代，科举制几乎成为人们追求功名的唯一选择和出路，也是选拔人才的唯一标准。科举制延续了一千多年，也影响了一千多年，所以，读书是古代先人们一种重要的价值取向。虽然，科举制有这样或那样的缺陷，但科举产生出一大批善于治国安邦的名臣、名相和雄才大略的政治家，众多有杰出贡献的思想家、文学家、艺术家、学者、教育家、外交家等，如唐代的王维、韩愈、柳宗元、刘禹锡、颜真卿、柳公权、白居易，宋代的欧阳修、王安石、苏东坡、司马光、朱熹、包拯、寇准，明代的张居正、汤显祖、海瑞、徐光启，清代的纪晓岚、刘墉、郑板桥、林则徐、翁同龢、蔡元培等文化名人都出自状元、进士和举人之中，都是中华民族的英才。

读书的作用，任何人都可以讲出"一二三四"来，但并不是所有人都真正能将读书的价值内化于心、外化于行。为什么在大学中，有不少考试挂科的同学？为什么有很多无故缺课的同学？为什么有身在教室心在外的同学？所以，无论对小学生、还是大学生，我们都要反复强调读书的意义。

前面从中国古代科举制谈了读书的好处。实际上，读书对于人来说，也有很多积极意义。

读书可以健全人格。《礼记》云："玉不琢，不成器；人不学，不知义。"英国哲学家培根在《论读书》中说："读书在于造成完全的人格。""读史使人明智，读诗使人聪慧，学习数学使人精密，学物理使人深刻，伦理学使人高尚，逻辑修辞使人善辩。""知识就是力量。"高尔基说过："读一本好书，就是与许多高尚的人交谈。"从这些名言中，我们可以得出这样的结论：读书可以丰富人的涵养，陶冶人的情操，弥补人的空虚，健全人的人格。

读书可以更好地回报社会。周恩来12岁时说过"为中华之崛起而读书"，相信同学们都能背出，明代顾宪成的"风声雨声读书声，声声入耳；家事国事天下事，事事关心"也家喻户晓。这说明读书有多重价值，第一层是为自己，第二层是为家族，第三层次是为国家、民族、社会。那么，第三层应当是读书的终极价值追求。党的十八大后，习近平总书记提出了"中国梦"的伟大构想，中国梦，不是睡觉睡出来的，不是做梦梦出来的，不是口头喊出来的，而是读书读出来的，是脚踏实地干出来的！青年大学生的首要任务是读书，掌握好实现中华民族伟大复兴的"中国梦"的本领。

## 二、读什么书

这个问题，对于大学生来说，看似提得十分愚蠢。但其实不然。我记得曾经看过一篇美籍华裔学者的文章，在谈到中国大学教育时他说，中国的大学教育是一本教材的教育！此话虽然有失偏颇，但基本反映了中国不少大学生在大学里读书的真实状况。

虽然我们的老师在每上一门新课时可能都会给学生开出长长的参考书单，或者课外阅读书目。但真正按照老师的要求增加课外阅读内容的同学并不多见。在大学里有几个怪现象，如课堂上记笔记的学生不多，在毕业生离校时，作为废旧品卖掉的书籍中，很多专业教材还是崭新的，等等。这些既值得大学反思，值得大学教师反思，更应引起大学生反思！

有一次，我和几个文科学生交谈，其中主要是研究生，我问了三个问题：第一个问题是平时看不看与专业相关度不是很高的书籍，他们说"基本不看"；第二个问题是平时看不看新闻，他们说"基本不看"；第三个问题是平时关不关注国家形势政策，他们说"基本不关注"。由此，我感到十分担忧，我将其总结为"三个不"，在与其他老师交流时，大家深有同感。

所以，"读什么书"的问题，看似提得愚蠢，但我觉得很有必要，特别是要引起广大大学生惊醒。

"读什么书"的问题，我很难说到点子上，很多老师是专家，是权威，他们平时都会给同学们推荐不少根据专业发展需要的经典书籍。这些书籍，是大学生健康成长不可或缺的营养。

这里，我只谈谈一些与专业看似无关的书，也就是说，希望同学们多读点"无用书"。我们学校实施"立人"素质教育工程，开设了数百门通识选修课，并且规定了选修要求。同时，还实施"双百工程"，即要求大学生在校四年读"百部经典名著"、看"百部经典名片"。很多同

学不理解,学理工科的同学会问,读《红楼梦》《三国演义》有何用?学人文社科的同学同样会问,学一些无关的科学常识有何用?因此,不少同学迫于无奈,只能表面应付。

人文与科学,看似两个不相关的领域,实际上有着不可或缺的联系。科学者在探索事物的规律,追求"求真";人文探索人的发展,追求"求善"。只有科学精神与人文精神的有机结合,才会让我们真正理解如何做人!著名建筑学家张钦楠先生1951年毕业于美国麻省理工学院土木工程系。有人问他,你在麻省学到的最有价值的是什么?他回答,是人文课。他说,麻省理工学院是美国负有盛名的理工学校,但是特别强调人文课的重要性。杨叔子院士要求他的博士生必须会背《老子》和《论语》前七章,不背不能参加论文答辩。至于杨院士为何要立这么一个"规矩",他给出的解释是:基督教世界的人都读《圣经》,伊斯兰世界的人都读《古兰经》,作为中国人,他认为应该读《论语》和《老子》。并称:"作为高级人才的博士生,应该了解这两本书,了解以后,对你的人性、理想大有好处。"他认为,这才是"科学和人文"的有机结合,只有这样才能培养素质全面的人才。

一种必须反对的倾向,就是在当前大学生中较为普遍存在的"两耳不闻窗外事",作为社会人、作为有追求的大学生,不关注时事,就是将自己与社会隔绝,就是缺乏社会责任的一种表现。

"书到用时方恨少","无用书"实际上大有用处。道理不再啰唆,相信同学们也看到过不少有关案例。实际上,诸多"无用书"可以帮助我们开阔视野、增长见识、陶冶情操,会让人受益无穷!没有"无用书"的补充,一个人就会成为知识残疾、精神残疾,甚至能力残疾!

## 三、如何读书

如何读书的问题,仁者见仁,智者见智。我只能将自身的经历和体会分享给大家。

第一,要养成爱好。人的爱好很多,社会诱惑也很多,把持不住的话,就可能消耗掉我们无数宝贵的时间与精力。说到读书,必须养成读书的爱好,不然的话,刚翻开书本,眼皮就会打架。

第二，带着问题读。一个人的阅历、知识储备等都非常有限，需要我们不断地经历、阅读来弥补这些缺陷。在大学生中间，不少人认为把该学的知识记住就可以了，很多人是为了应付考试而学习。朱熹说："读书之法，读一遍，又思量一遍；思量一遍，又读一遍；读诵者，所以助其思量，常教此心在上面流传。"在这里，"思量"是指开动脑筋思考问题。只有开动脑筋，善于思考，才能融会贯通。否则，读书再多，读书者充其量也只是一个知识的"储存器"。一个人走向社会以后，会碰到很多问题，解决这些问题的办法很多，其中之一就是到书籍中去找，这就是带着问题读书，在读书中找答案。所以，大学生在读书的时候要强化问题意识，做到朱熹所说的"穷究道理彻底"。

第三，不迷信权威。迷信权威就会禁锢我们的思想，就会使我们裹足不前。1900年，著名教授普朗克和儿子对话时说："孩子，十分遗憾，今天有个发现，它和牛顿的发现同样重要。"他提出了量子力学假设及普朗克公式。他沮丧这一发现破坏了他一直崇拜并虔诚地信奉为权威的牛顿的完美理论。他最终宣布取消自己的假设。人类本应因权威而受益，却不料竟因权威而受害，由此使物理学理论停滞了几十年。这一案例说明，任何书本知识和理论都不可能完美无缺。我自己在平常学习时，也时常发现一些问题，有的书本知识陈旧落后，有的研究成果得出的结论存在缺陷，等等。如果在工作中照搬书本知识的话，可能就会影响工作。希望同学们在读书的时候，在前人的基础上，在认识上有一定的深化、有一定的突破，甚至能够发现一些缺陷、一些破绽，这是培养学生独立思考能力、创新能力的关键！

## 四、如何做人

读书与做人是两个密切相关的话题，读书是为了更好地做事，更好地做人。实际上，在前面所谈的三个问题中，已经较多地涉及了"如何做人"这个问题。

古往今来的书籍中，教导做人的名言警句不计其数。如处理人际关系：严于律己、宽以待人；毫不利己、专门利人。道德规范：勿以善小而不为，勿以恶小而为之；已所不欲勿施于人。社会责任：先天下之忧而忧，后天

下之乐而乐,等等。相信在座的同学大多都能背诵,也相信有不少同学比我记得多。但是,现实中并不是所有人都能践行这些道理。读书,不仅要明白书中道理,更为重要的是,将这些道理内化于心、外化于行。

对于"如何做人"的问题,我谈几点极其普通的认识。

一是要做一个有良知的人。良知,应当说,它是人的一种天赋的道德观念,但往往有些人有时把持不住,以致堕落,坠于深渊。要做到有良知,第一要知耻。知耻,是人和动物的根本区别;知耻,在中国传统美德中有着很重要的地位。早在春秋时期,管子就说过:"礼义廉耻,国之四维,四维不张,国乃灭亡。""人之有所不为,皆赖有耻心。"没有"知耻"之心,就会"恬不知耻",为人不齿!第二要知愧。知愧,就是知道惭愧,知道内疚。人非圣贤,孰能无过。知过能改,善莫大焉。知愧的前提是知道自己的弱点、缺点和错误,只有"吾日三省吾身"方能知愧,也才能努力地去减愧。第三要知恩。知恩,就是常怀感恩之心。这是人生的一种姿态,是人性的一种证明,是人的社会行为的反省和成熟。知恩的目的是回报,以己之力回报父母养育之恩,学校培育之恩,回报国家、民族、社会。

二是要做一个有社会责任感的人。社会责任感是在一个特定的社会里,每个人在心里和感觉上对其他人的伦理关怀和义务,是一种道德义务。不少人虽然明白大道理,但口是心非,言行不一。我们经常可以看到一些腐败官员的案例,如原广州市委书记万庆良谈反腐败:"反腐请从监督我开始。""一级做给一级看,一级带着一级干。""对于腐败分子应露头就打"。同学们看到腐败现象,一定深恶痛绝!社会责任必须从小事做起,在细微中养成。学生寝室的脏乱差问题是一个老大难问题,一室不扫,何谈扫天下!

三是要做一个受社会欢迎的人。我们党的教育方针就是要培养德智体美全面发展的社会主义事业合格建设者和可靠接班人,只有做到"德智体美"全面发展,才能称得上是"受社会欢迎的人"。所以,大学生要深刻理解"德智体美"的科学内涵,加强自我塑造。

最后,送同学们几句话:多读书,善读书;学做人,做好人!

## 余秀华和她的诗歌

◎ 刘　年

先讲一个小故事。前些天，我去顺丰快递往家寄东西时，遇到一个年轻的快递员，他在一旁看着我填单。"哦！你是《诗刊》的，你们推出了余秀华的诗歌！"他说，"你的两斤半，我就收你两斤的钱吧。"

作为一个编辑，我感谢余秀华，她让我的职业有了成就感；作为一个诗人，我同样感谢她，她让诗歌以一种比较有尊严的方式回到了国人的生活中。

"我喜欢余秀华的诗，因为我也是农村长大，也曾不管不顾，也曾痛彻心扉，也被世俗抓住头发往墙上磕。更重要的是，她的诗，放在中国女诗人的诗歌中，就像把杀人犯放在一群大家闺秀里一样醒目——别人穿戴整齐，涂着脂粉，喷着香水，白纸黑字，闻不出一点汗味，唯独她烟熏火燎，泥沙俱下，字与字之间，还有明显的血污。"这是我在编发余秀华作品的编后记中写的。

当时我给余秀华编诗集的时候，一直编到半夜。我是一个完美主义者，我一首一首地看，一首一首地钻，一首一首地去琢磨，越看越让我震惊。其实，她的诗歌整体水平远远不如我在诗刊上发过的那一组诗，当然余秀华也沾染了一些网络习气，写过一些很草率的诗歌。我今天想说，艺术和作品不同，作品是以最短的论断决定其才情。但是艺术，是以最好的作品来决定你的成就。

其实，没有烂作品作为肥料也很难有参天大树的好作品。对于我个人来说，我比较喜欢余秀华的一些叙事性比较强的诗歌，就比如说刚才这首《我养的狗叫小巫》。首先这首诗歌里透露出浓重的艺术气息，而这种艺术气息承载着余秀华诗歌中最大的艺术特征，因为她一生都生活在农村，她对农村了解至深。那种艺术气息是那些生活在城市里的作家通过想象或者回忆写成的农村生活作品所远远达不到的，因此她的诗歌辨识度相当高。

写过诗歌的朋友都知道，其实叙事诗是非常难写的，因为叙事诗逻辑性比较强，要有人物形象、时间空间、情节与画面。所以，很容易写得太实、太满、太城市化。就拿刚才这首《我养的狗叫小巫》来说，余秀华穿插了她去看外婆这个情节，一般人很难想到这个，像这种看似与情节毫不相干的闲笔，使她的诗歌与众不同。一个人去看外婆，而这个外婆已死去多年，她为什么去看外婆，看这个已经死去的对象，我想是因为她心不在焉，她已经失魂落魄，已经魂不守舍。另外，像她这种写苦难的作品，很容易走向祥林嫂似的诉说。但是，她能够收笔得当，能够做到面无表情。她的痛不是自己喊出来的，是读者自己从文字中体会到的，因此更加深入人心。比如刚才这首诗歌，她反复地写道：那只快乐的小狗，不停地摇着尾巴的小狗，其实和她的苦难形成鲜明的对比。

我还想谈谈那首《穿过大半个中国去睡你》，那是她的成名作。开始我是很不喜欢这首诗的，我觉得唯一可取的就是她的题目，吸人眼球。后来听到许多女读者的看法后，我慢慢改变了自己的观点。有一个四川的女读者头一天晚上看完了这首诗，泪流满面，第二天便买飞机票赶到了北京。后来我便仔细读了这首诗，这首诗艺术性一般，但是道出了有人想说而不敢说的话。一首诗的地位不能光看它的艺术价值。

我很想谈谈余秀华的走红，她的横空出世还是有很多偶然性，但是在这里我想说说她的必然性。其实新世纪以来，随着市场经济的发展，经济在增长，人的物质需求被满足，人们逐渐发现社会缺少一种诗意。于是在这个曾经以诗为养料的国度，人们开始找寻，找寻在这大地上失去的魅力。同时，新世纪以来，经过几代诗人的努力，逐渐去除了那种装腔作势的空话成分，去除了那种无谓的宣传成分，在艺术上渐渐地回归传统、回归现实、回归大自然。人间需要好诗，人间要有好诗，所以余秀华的走红，在一定程度上我认为是诗歌本身的走红，是有其必然性，在余秀华之前就有这些征兆。就算没有余秀华，也会有张秀华、李秀华，也许走红的程度不一样，也许走红的方式不一样。成名之后我和余秀华接触过，我觉得接近四十岁才成名是一件好事，她经历了太多的磨难，看透了世态炎凉。她不易因走红而迷失自己，从她最近的随笔可以看出，其实，她还是成名前的余秀华。成名对余秀华来说是一件好事，也是一件坏事。不好的是它霸占了她太多的时间、太多的精力，好的是她不用过多地去考虑生存问题，她的心境也会变得更加开阔、更加从容、更加恢弘。看了她最近的作品，我觉得比她成名前的作品在质量上有所进步，没有那种随意，没有那种草率，其中不乏很优秀的作品。

她走红之后，大家都知道，其实谩骂攻击她的人也很多，有些人甚至突破了底线，对她进行人身攻击。她面对这些人的态度，正如我第一次看到她的诗歌的时候所感受到的她内心的情怀，余秀华并没有受到太大的影响。很多人担心余秀华成名后的创作，担心她的未来，我一点都不担心。

前几天我问了一下她的收入，走红之后，通过版税大概得到五六万块钱。如果一份付出一份收获的话，与其他人对比，我觉得她只拿到了不到她应得的十分之一。曾经，有人送过余秀华一本诗卷，我在扉页上写过这么一句话：世界欠你一句道歉。我想说的就这么多了，谢谢！

# 历史是一条河
## ——读《湘行散记》

◎ 向成国

读《湘行散记》要与读《湘西》结合起来，前者是从纵面写动态的湘西，后者是从横面写静态的湘西，只有两者结合，才能较完整地理解湘西，理解沈从文的写作意图。

> 望着汤汤流水，我心中好像忽然彻悟了一点人生，同时又好像从这条河上，新得到一点智慧。使我触着了一个使人感觉惆怅的名词，我想起"历史"，一套用文字写成的历史。……这条河流，却告给了我若干年来若干人类的哀乐！
> 《一九三四年一月十八》

他说："真的历史却是一条河。从那日夜长流千古不变的水里石头和砂子，腐了的草木，破烂的船板，使我触着平时我们所疏忽了若干年代、若干人类的哀乐！"历史是一条河，这河里流动着的是人类的哀乐，沈从文爱世界、爱人类，他要写出这条河的历史，写出人类的哀乐，这就是沈从文创作的意图。

《湘行散记》和《湘西》内容相当丰富，它是湘西文化历史的一种文学阐释。作品诞生七八十年来，不仅成为中国现代文学的经典，也成为解读湘西文化的经典。

这里我想谈五个方面的问题。

## 一、感情主导

在《湘行散记》中，创作主体的情感主导十分明显。

（1）爱情。1933年9月9日，沈从文与张兆和结婚。1934年元月7日，即沈从文告别妻子南下千里之外的凤凰看望生病母亲的3个多月后，这对分离的新人相互惦念、相互担忧。沈为减轻新婚妻子的担忧，在不到一个月时间内给张兆和写了50多封信，爱恋之情充斥信中的字里行间。回到北京后，在创作《边城》的同时，沈从文整理了这些信件，写出了《湘行散记》的各个篇章。

（2）亲情。母亲重病，对母亲的怀念和担忧。

（3）作者爱世界、爱人类、关注人类哀乐的情感。这些情感交织在一起，渗透在作品的字里行间，每一个读其作品的读者都会被这种复杂的情感感动。由于情感主导了作品的创作，《湘行散记》成为抒情作品的典范。

## 二、人物悲剧命运的深度挖掘

《湘行散记》中的人物几乎都是悲剧人物。这些悲剧人物可分两类：

（1）强悍的不甘屈服的悲剧人物，如《一个戴水獭皮帽子的朋友》中的曾芹轩，《五个军官与一个煤矿工人》中的煤矿工人，《虎雏再遇记》中的虎雏，以及长河中那位77岁的临时纤夫和小船上水手。在这些人物身上表现出的是求生的坚强、勇敢、彪悍和不甘被征服的超强力量。但他们全都是悲剧人物：经济上受剥削，生存的权利没有掌握在自己的手中。即使如曾芹轩那样的"军队中吃粮子上饭跑四方……一个准绅士""豪杰""坏蛋"式的人物，虽然凭借自己的能力拼命挣扎，争得了在沅水流域的一席生存之地，但他的生存是建立在众多人痛苦之上的，他在蹂躏别人的同时，也更残酷地蹂躏着自己，特别是蹂躏着自己的灵魂。而且他飘浮在长河巨浪中，无力抗拒巨浪的袭击，作为个人最终被巨浪吞噬。至于那个煤矿工人，虽然找到了求生的出路和方法，但最终也因势单力薄而牺牲。这些人上不明白自己的生存价值和意义，他们只是为了自己一时利益的满足。在他们生命之上，还有一种更理想的生存方式，他们不可能进入理想的生存状态，也不可能掌握自己的命运，说到底他们是彻头彻尾的悲剧人物。

（2）衰弱的失了灵魂的悲剧人物，如作品中写到的妓女，《箱子岩》中的那位跛脚什长，《老伴》中的赵开明，《一个爱惜鼻子的朋友》中的印瞎子，《滕回生堂今昔》中的我的"松林"大哥，《一个多情水手与一个多情妇人》中的牛保等。这些人在历史的长河中经过多年的磨难，已经变形、变态，特别是内心已死，几乎失去了生存的希望，只为苟安一隅，扭曲着生命喘息着。在现实的情态下，他们的悲剧命运不可能改变，而且像跛脚什长、印瞎子他们正腐蚀着一方水土和一方水土上生活着的人！

（3）人性的闪光。尽管这些人都生活在不幸中，他们谁也无法掌握自己的命运，但他们的人性是善良的，人性处处在闪光。作品写这些人物人性善良，是割肉剐骨般的深刻。小船上那位拦头的水手七老是个逃兵，还当了十一个月土匪。傍晚船靠岸后，闲着无事，客人请客给他钱，让他上岸寻欢撒野去，可他接了钱，在岸上买来一大堆橘子给大家吃（《辰河小船上的水手》）。一个名叫夭夭的 19 岁姑娘，美得让人惊讶，她被一个五十岁的老兵大烟鬼霸占着，谁有土有财，老烟鬼就让床让位。尽管生活极其悲惨和不幸，可这个 19 岁的姑娘对新到的客人充满了好奇，对外面的世界也充满了好奇，她善良得让人心痛。这些人的悲哀都十分神圣，因为他们的悲哀中都表现出善良的人性。但正是因为他们人性的善良，才遭遇到人生的不幸。他们越善良，不幸就越深重。因为这些人都是无法掌握自己命运的人！这就告诉我们，必须改变这些悲剧人物的生存命运，善良的人性才能回复到人的本位。但作者在当时的情况下是不可能找到改变这些悲剧人物命运的途径的。这是作者的局限。不过，作者对人性挖掘得越深刻，它的震撼力便越大，它会惊醒人们对这些底层不幸人们的热切关注！

## 三、湘西文化的现代阐释

湘西文化内容极其丰富，它是独立于湖湘文化系统之外的另一形态文化。长期以来，湘西被历代统治者统称为南蛮之地、五溪蛮夷，这一地区被极度妖魔化。因此这一地区的文化也被妖魔化了。沈从文是第一个用文字的形式对这一地区文化进行祛魔、给予现代的阐释的作家。人们可以通过沈从文作品，认识到这一地区文化的神圣深厚。他的作品为什么有如此巨大的生命力，就是因为他立足于湘西文化传统，作品处处都闪烁着湘西优秀文化传统的光辉。

对于沈从文在作品中对湘西文化的现代阐释，我们可以从两方面去理解。

### 1. 历史是一条河

作者乘小船溯沅水而上，从桃源经柳林岔、青浪滩、鸭窠围，到横石、九溪、辰州、泸溪，最后到浦市，这是沅水中最惊险的一段，这里每一处都有极动人的故事，这些故事构成了历史。沅水中，靠吃水上饭的船工就有30万人，仅麻阳就有20万。除了河中水上船工、放排工以外，岸上的妓女，以及岸上与水上船工相联系、靠着沅水生存的人又有多少？沅水把上游的物质运下去，繁荣了现代都市，文明了大半个中国，它又把下江的物质运上来，直到湘西的大山深处、长河尽头，给原始的乡村注入了现代文明。

真的历史是一条河。作者在《箱子岩》中，揭示了这条河的内涵：从古代巢居者的遗迹（悬棺），到两千多年前，屈原疯疯癫癫地来到这充满奇异光彩的地方，到近代辛亥以后南北战争……这条河流经历了多少战争、杀戮和争夺。我们的人们就是从这历史中走过来的！在历史的灾难的轰击中，形成了民族自强不息的拼搏精神。

这种拼搏精神通过划龙船充分地表现出来，沈从文在《箱子岩》中写道："这些人生活却仿佛同'自然'已相融，很从容地各在那里尽其生命之理，与其他无生命物质一样，唯在日月升降寒暑交替中放射、分解……这些不辜负自然的人……与自然毫不妥协，想出种种办法来支配自然、违反自然的习惯，他们同样经历寒暑交替，看日月升降，然而……却在慢慢改变历史、创造历史。"

他们正是用划龙船的精神、改变历史、创造历史。

正如沈从文说的，这历史告诉我们："一切生存皆为了生存，必有所爱方可以生存下去。多数人爱点钱，爱吃点好东西，皆可以从从容容活下去的。这种多数人真是为生而生的。但少数人呢，却看得远一点，为民族为人类而生。这种少数人常常为一个民族的代表，生命放光，为的是他会凝聚精力使生命放光！"

沈从文说:"我想起'历史',一套用文字写成的历史,除了告给我们另一时代另一群人在这地方上相斫相杀的故事以外,我们决不会再多知道一些要知道的事情,但这条河流,却告给了我若干年来若干人类的哀乐!"(《一九三〇年一月十八日》)

经过历史长河的洗礼,我们应把自己的生命力凝聚起来,去做一番为民族为人类的事业来!

### 2. 历史的长河淘洗文化的精华

桃源有桃花源,那是我们民族文化的名片。

柳林岔产金子,更留下寡妇连、孝母桥的故事,这故事有多种说法,沈从文采用了其中一种传说,另外还有多种传说,一种是传递了孝道文化,一种是传递了义道文化的《关于寡妇链、孝母桥的故事》。

沅陵,又名辰州,是中华南方文明的发源地之一。据考古发现,四万多年前,沅陵是全国巫文化中心,当时文化相当发达。楚秦时期是黔中郡所在地,汉时是武陵郡所在地。它的龙兴讲寺是唐代修建的,是中国古寺庙之一。

沅陵之塔:凤鸣塔(凤凰山麓),龙吟塔(合掌洲上),鹿鸣塔(在沅陵东的鹿鸣山上),其中鹿鸣塔被雷劈了两次。这些均为七层八方塔,三塔一线。

沅陵的赶尸见作品《沅陵的人》一章,属《湘西》。

浦市江东寺,寺中的转轮藏,全世界只有三个,浦市占其一。

凤凰的蛊、巫和女子落洞:湘西女子在三种阶段的年龄中,产生了蛊婆、女巫和落洞女子,三种女子的歇斯底里亚症,就形成了湘西神秘之一部,这种神秘背后隐藏了动人的悲剧,同时也隐藏了动人的诗。

在《沅陵的人》(《湘西》)一章结尾处,沈从文对湘西文化有最科学的说明和解释:几种事都是人的事情。与人生活不可分,却又杂糅神性和魔性。湘西的传说与神话,无不古艳动人……湘西的神秘和特殊的民族性大有关系。历史上楚人的幻想情绪,必然孕育在这种环境中,方能滋长成为动人的诗歌。想保存它,同样需要这种环境。

## 四、大时代风暴的文学表现

《湘行散记》创作于 1934 年元月到 1935 年元月。1933 年下半年，国民党调集 50 万大军，对中央苏区进行第五次围剿，到 1934 年 10 月红军被迫离开苏区，开始了战略转移，直至长征。这时期是革命和反革命斗争最残酷的阶段，这种大时代的风暴在《湘行散记》中有间接或直接的表现。

作者本人匆匆赶回家中，看望病重的母亲，元月七日离开北平，二月九日回到北京，他被视为有共产党的嫌疑，在家只在重病母亲的床头守了 4 天。2 月 13 日（即回到北京后 4 天），母亲在凤凰去世。

在湘西，何健一面督促陈渠珍征剿贺龙领导的红二方面军，一面陈又与贵州军阀王家烈因军阀内部利益而进行着一场战争。这种政治军事斗争的形势都在作品中有或明或暗的表现。《五个军官与一个煤矿工人》中对湘西的形势有反映。

《一个爱惜鼻子的朋友》中的印瞎子，大革命时期北伐军刚到湖南，就入长沙党务学校受训练，当北伐奠定武汉、长江下游军事局势时，他便成为毛委员的小助手，身穿一件破烂军服，每日跟随着委员各处跑，日子过得充满了狂热与兴奋。可反革命的血腥屠杀与镇压，把他吓怕了。他放弃了革命，背叛了信仰，成了乌宿地方百货捐局长，乘坐京式三顶拐大轿，穿着价钱昂贵的玄狐袍子，戴了幅玳瑁边的近视镜，吸大烟，成了个害怕革命也害怕反革命的胆小鬼。通过这个人从侧面反映了当时白色恐怖的形势如何制造了人间的恐怖。

《滕回生堂今昔》又通过松林大哥的不幸和猥琐怕事反映出当时形势的严峻以及人们在白色恐怖环境中生活的不幸！

这些作品通过描写人物内心深处的恐惧，深刻地反映了革命的暂时消退和反革命的暂时嚣张。

## 五、中国现代散文的标杆之作

我曾写过一篇《论〈湘行散记〉的叙述风格》，对《湘行散记》的

叙述风格作过一些分析,提出了几个基本观点:

（1）叙述者的中心化;

（2）叙述时空的层递转换;

（3）人物的前置与遮蔽;

（4）写境与造镜的统一;

（5）文体的游移与杂糅。

另外,作品的散文的诗化也是很突出的,表现在作品的情感化、意境化、心灵化、景物美化、生命神化等方面。

《湘行散记》无论从哪个方面说,它都不愧为中国现代散文的扛鼎之作,是中国现代散文的典范。

# 海子其人其诗

◎ 谭五昌

时间犹如一条宽大的河流,在特定的一个时段内,这条宽大河流的下游部分,河水通常会呈现出清澈明净的面貌与性状,与人类的思维情感构成了某种微妙的对应或类似关系。在这个意义上,我们来重新打量与审视海子的诗歌及海子本人,其必然具有相对客观与公允的可能性。毕竟,时间的流逝会让人的理性如同河流下游的河水一样逐渐变得明澈起来。从1989年至今,海子辞世已经20周年了,在海子辞世的第一个十年(1989—1999)里,在以大学及中学校园的青年学生与社会上青年诗人为主体的数量庞大的诗爱者中,海子的诗歌得到了极为广泛的阅读、评论与传播,尤其是在海子辞世之后的20世纪八九十年代之交的几年时间里,海子的诗歌及海子本人受到了众多年轻的诗爱者(包括青年诗人在内)堪称狂热的喜爱、欣赏与崇拜,"海子热"及"海子神话"的建构成为20世纪90年代以来中国当代诗坛最令人瞩目且最富意味的诗歌现象之一。而在海子辞世的第二个十年(1999—2009)里,由众多年轻诗爱者推波助澜的"海子热"整体上呈现出某种"降温"趋势,他们在对海子诗歌及海子本人的解读中开始自觉或不自觉地吸纳进理性的因素。

这应该被视为一个好现象。无论如何,完全非理性的去神化海子其人其诗不是明智之举,何况海子本人并未要求人们去刻意神化他自己。在欣赏与热爱(或偏爱)一位诗人的基础上,始终能够保持或自觉要求自己保持必要的理性,是考验一个读者(无论专业还是业余读者)是否在思想与艺术眼光上富有水准与深度的重要评判尺度。只有保持必要的理性,你才可能对海子诗歌及海子本人作出较为客观、全面与到位的解读和评价。对于专业性的诗歌批评与研究者而言，采取尽可能客观、理性的态度面对自己的研究对象显得尤为必须。在此方面，我认为当代著名诗人西川先生树立了一个典范。西川早在1994年写的一篇探讨与分析海子死因的文章《死亡后记》中曾这样评说海子："然而，对我而言，海子无论如何不是一个神，而是一个活生生的人、有血有肉的朋友。他有优点，也有弱点，甚至有致命的弱点。"作为海子的同学、挚友与知音，西川对海子做出这样的评价，体现了西川尊重理性的可贵勇气，意在为热爱、崇拜乃至神化海子的人们还原一个真实、客观的海子，有助于人们进一步全面、深入认识与了解海子其人与其诗。

遵循上述思路，我们再去解读、阐释与评价海子的诗歌创作，所得出的结论在整体程度上将比以往显得更为公允、客观与可靠。在此，让我首先来简单谈论一下海子的长诗创作。众所周知，海子本人对他的长诗（海子通常将之称为"大诗"）创作极为重视。这当然可以解释为海子身上浓郁的史诗情结使然，从中反映出海子十分宏大的诗歌抱负。海子生前基本完成了七部长诗的创作，这七部长诗总名为《太阳·七部书》，主要由《太阳·断头篇》《太阳·土地篇》《太阳·弑》《太阳·诗剧》《太阳·弥赛亚》《太阳，你是父亲的好女儿》等长诗作品构成（诗人骆一禾和西川确定的《太阳·七部书》的具体篇目基本相同，只有极少数篇目略有出入，可参阅西川主编的《海子诗全编》的"编后记"）。对于总名为《太阳·七部书》的长诗作品系列，海子的挚友、最早也是最为忠诚的诗歌知音骆一禾整体上给予了很高的评价，骆一禾在1989年5月13日为刚刚辞世的海子所写的一篇纪念性文章《海子生涯（1964—1989）》中这样指出："《七部书》意象空间十分浩大，可以概括为东至太平洋沿岸，西至两河流域，分别以敦煌和金字塔为两极中心，北至蒙古大草原，南至印度次大陆，其中是以神话线索'鲲（南）鹏（北）之变'贯穿的。这个史诗图景的提炼程度相当有魅力，令人感到数学之美的简赅。"海子就在这个广大的自然地貌上建立起了他自己的象征意象与神话原型谱系，由此可见海子长诗作品中无比开阔的时空及精神视野。不过，骆一禾对海子长诗创作这一鲜明优点的指陈，并未为海子长诗创作的独到贡献和成就提供具有普遍性说服力的论据与证词。事实上，当今诗界内部对海子的长诗创作存在很大乃至激烈的争议，迄今为止，认为海子的长诗创作整体上不那么成功的意见占据上风（需要说明一下的是，这种意见评判无法做到统计学意义上的精确）。持不成功意见与观点的人比较普遍地认为，海子的长诗创作缺乏长诗（或史诗）应具备的构架（结构）、内涵及表现手法，基本上是个体抒情诗在体积内容上的自我重复、叠加或扩张。但是，认为海子的长诗创作整体上比较成功且有独特亮点的也不乏其人，其中以诗人骆一禾与诗评家燎原为突出代表。2009年8月份，第二届青海湖国际诗歌节期间，在一次由热情的青海本土诗人做东，宴请几位来自北京及外省的诗人和诗评家的晚宴上，燎原先生与唐晓渡先生席间曾就海子的长诗创作进行交流并发生了争执，燎原对海子的长诗创作持肯定与欣赏的态度，而唐晓渡则持相反的意见，双方一时争执不下，最终谁也没有说服谁。围绕海子的长诗创作，发生在这两位著名诗评家个体之间的诗学观念与趣味方面的争执，反映了当下诗界对海子长诗创作所存在的内部意见分歧，这是饶有意味的现象。至于我本人，对海子的长诗创作则持一种比较中立的立场（也可以理解为一种中庸的立场），我认为，如果从传统或经典的长诗（或史诗）的规范要求以及人们习惯性的阅读期待来看，海子的长诗创作整体上看的确是不怎么"成功"的。在海子的《太阳·七部书》中，我个人比较看重《太阳·土地篇》，这首长诗的构思及结构相对完整，在语言的抒情与叙事风格上也有较好的融合，初具史诗的规模与特质，值得重视。而海子的其他六部长诗基本上可以视作诗人的个体生命抒情在一个长诗内容框架里的强力自我扩张。换个角度来看，海子的《太阳·七部书》不妨视为诗人生命个体的系列"抒情史诗"或"心灵史诗"，这些长诗作品在局部与片段上常闪现出天才的艺术想象力，令人印象深刻，它们给传统意义上的长诗（史诗）添加了一些新的审美艺术与精神元素，因而，我以为对海子的长诗创作持完全贬低或彻底漠视的态度是不可取的（当然，也不宜走向极端的反面），至少海子的长诗创作所彰显的正反面经验还是值得诗歌创作者与研究者重视的。

与海子颇受争议、褒贬不一的长诗创作不同，海子的抒情短诗创作几乎获得了诗界内外普遍性的高度赞誉。海子具有极为出色优异的抒情才能，他在抒情短诗创作上所表现出的天赋在20世纪的新诗史上可谓孤峰突起，能与其比肩者寥若晨星。海子在其大学毕业后的短短五六年间，陆续创作出了数百首精短的抒情诗，其中的大多数作品是经得起读者品味的，像他的《亚洲铜》《阿尔的太阳》《黑夜的献诗》《日记》《秋》《四姐妹》《山楂树》《幸福的一日》《九月》《村庄》《新娘》《幸福（或我的女儿叫波兰）》《给B的生日》《莫扎特在〈安魂曲〉中说》《死亡之诗（之一）》《死亡之诗（之二：采摘葵花）》《黎明（之二）》《黎明（之三）》《眺望北方》《明天醒来我会在哪只鞋子里》《活在珍贵的人间》《面朝大海 春暖花开》《五月的麦地》《祖国（或以为马梦）》《春天，十个海子》等数十首抒情短诗中的精品力作，我相信能够经受住时间的考验，并能在中国当代诗歌史上留下独特而深刻的印记。

就海子的抒情短诗创作而论，其所达到的艺术高度和具有的文学史（诗歌史）贡献，主要在于海子对"麦地"这个原创性意象的"全新发明"。在海子之前，"麦地"（或"麦子"）作为一个诗歌意象已经出现在其他诗人的作品里，但到了海子那里，他将"麦地"这个传统的意象赋予了全新的个体生命经验内涵，从而使之生成为一个具有海子独特审美精神标志性质的原创意象。在海子这里，"麦地"既具有形而下（实在）的物质含义，更具有形而上（象征性）的心灵家园的精神寓意。在海子的"麦地"诗篇系列中我们可以看到，对于粮食和真实生存的重视能使海子在"麦地"里与仇人"握手言和"（《麦地》），对于心灵家园的热忱追求则使海子想要在"麦地"里"为众兄弟背诵中国诗歌"（《五月的麦地》）。显然，海子更看重精神意义上的"麦地"。在此，"麦地"象征着诗人自身温暖、美好而深刻的生命背景。"麦地"便也在象征符号的意义上成为海子暂时免除漂泊命运的精神家园，海子在"麦地"中寻找到了最富力度的心灵慰藉与灵魂寄托。

海子强烈的生存焦虑与炽热的生命理想与"麦地"意象紧密关联，"麦地"成为读者深入探知诗人内在生命与精神状态隐秘而有效的"通道"或"道具"。海子的《麦地与诗人》是呈现此种关系的经典性诗篇，请看其中的关键性诗节：

麦地
别人看见你
觉得你温暖　美丽

我则站在你痛苦质问的中心
被你灼伤
我站在太阳　　痛苦的芒上

麦地
神秘的质问者啊

当我痛苦地站在你的面前
你不能说我一无所有
你不能说我两手空空

"麦地"在这首诗中被拟人化为一个对诗人具有"质问"权利的主体形象，它站在发问者的位置上；而诗人处于被"质问"的被动位置上。诗作处理的是叩问生命意义与生命价值这样重大而抽象的形而上主题，但"麦地"意象在此诗中全新的、陌生化的处理方式，带给最初阅读到它的读者以绝对的审美震撼与感动。这就是海子抒情诗中"麦地"意象原创性的艺术力量之所在。

除了"麦地"这一原创性意象外，海子所着力构建的另外一个原创性意象便是"太阳"。如果说"麦地"是诗人生命背景的象征，那么"太阳"则在很大程度上成为诗人生命理想的象征与人生追求目标。海子曾在他的精神自传性抒情短诗《祖国（或以为马梦）》中如此激情告白："我的事业就是要成为太阳的一生"。这种尼采式的生命（人生）理想宣言生动地折射出海子极端浪漫主义的宏大诗歌抱负。这种在常人看来类似谵语的诗歌抱负与人生追求，恰恰有力地彰显了海子"另类"的天才诗人形象。在作为海子宏大诗歌抱负"艺术结晶体"的《太阳·七部书》中，"太阳"以一个充满生命梦想、激情、焦灼与痛苦的人格神的艺术形象与读者进行心灵的交流与对话，海子的灵魂与"太阳"的灵魂具有高度的同质性。不妨说，"太阳"的实质就是海子隐秘复杂灵魂的巨幅自画像。因而，"太阳"这个高高在上、令人敬畏的尊贵神物，不时又显露出其崇高形象之外令人感觉亲切乃至平易的一面。例如，海子在长诗《太阳·诗剧》中给我们展示了这样一幅"太阳"之上的景象："在空无一人的太阳上／我怎样忍受着烈火／也忍受着人类灰烬"，这种带有极为鲜明的海子个人生命印记的"太阳"形象（意象），迄今为止，在中国新诗史上其他诗人的与太阳相关的诗歌文本中尚未出现过。简言之，海子在他的诗歌中（主要是他的一系列抒情性长诗作品）为我们读者创造了一轮充满新鲜审美质素的、高度个性化了的"太阳"，使得"太阳"的形象（意象）因诗人海子主体人格的突入而变得魅力独具。无论如何，我们都不应漠视或抹杀海子用挑战生命极限的勇气所创造出来的、极具个体生命经验和艺术个性色彩的"太阳"形象（意象）。

从上面简要的论述当中，我们可以明确认知海子诗歌创作的独特贡献与成就之所在。当然，客观、理性地来审视，海子的诗歌也存在其不足与缺陷，就像海子的性格与为人绝非无可指责的一样。的确，正如一些诗歌内行与专家所指出的那样：海子的诗歌在情感经验的传达上存在一些自我重复现象，而且缺乏丰富复杂的诗歌技艺。这种见解不可不谓非常到位，甚至称得上击中要害。然而，如果从海子的生命状态、诗人形象与诗歌写作方式着眼，我们则可以作出另一种意义的肯定性评价。从本源上说，海子是一位极具浪漫主义特质的精神自传型的诗人，他是以整个生命并凭借其自身禀赋的出色抒情才华来写诗的，因而，他的不少抒情诗作品虽然内容稍显单薄，但依然具有动人的情感内核。从整体看来，他的抒情诗（特别是抒情短诗）因为情感的纯粹与饱满、意象的生动、诡奇与独特，而具备强烈的艺术冲击与感染力。而这也就是为什么海子的抒情诗一段时间里虽为众多青年诗人与作者所竞相模仿，但通常情形下总是发生大面积"偏移"与"错位"的真正原因。

在此，我想指出的是，海子是一位平凡人中的诗歌天才，他诗歌创作的缺点（前面提及过）恰恰成就了或者说凸显了其诗歌创作的优势与天赋，这就是艺术的辩证法。可以说，正是海子身上土地般本能的旺盛的原创性抒情才能，才最终成就了海子在中国当代诗歌史上一个罕见的传奇。作为一个原创型抒情诗人，海子有其自身难以摆脱的局限性，但我们无法否认海子的天才创造力。我们只要认真品读一番海子写下的那些为数不少的诗学随笔及心灵日记，就能真切感受到海子在感性的语言表述和深刻的思想智慧方面所闪现的天才光芒，并不时令人为之惊叹。无论如何，海子都是一位拥有丰富扎实文本（包括诗歌、诗学随笔及日记在内）的优秀诗人，他诗歌中独特的嗓音、语气与说话方式具有极为个性化的迷人魅力。时至今日，海子的许多抒情短诗仍为人广泛传诵，其中部分抒情短诗佳作已被选入国内大学、中学语文教材与各种具权威性的诗歌选集，海子的优秀诗作已被迅速地经典化了。从这个意义上来说，海子是一位穿越"麦地"和"太阳"而进入不朽者行列的诗人。

我们完全可以相信，随着时间的不断流逝，海子诗歌及海子本人的真实面貌将日益清晰而完整地呈现在我们的眼前（因而海子诗歌与海子研究领域将仍然颇有作为）。在此我们还可以预言的是，海子的抒情短诗作为中国当代诗坛一道极为独特而弥足珍贵的风景，是不会随着时间的流逝而贬值的。

立人读书沙龙（2015年卷）

## 第三辑　名师访谈

　　从读到海子的诗歌那一天起，我就开始关注海子了。等我进入北大中文系读研究生后，我就花费不少时间与精力进行海子诗歌的解读与研究工作，毕业时写出了长篇论文《海子论》，被不少人视为很有前途的青年诗评家。从此我正式走上了诗歌批评的道路。

——谭五昌

# 读书是大学生的使命
## ——访"立人"读书沙龙第二期主讲嘉宾唐生周教授

**学生记者  瞿愉寒**

唐生周先生系我校文学与新闻传播学院教授，教学三十余载，对待学术孜孜不倦，教导学生润物无声，待人接物谦谦君子，深受文学院学子的尊敬与爱戴。在参加了第二期"立人"读书沙龙之后，笔者有幸对主讲嘉宾唐生周教授进行了专访。以下是采访实录——

**记　者：** 如今"大学生职业化的现象"严重，请问您如何看待这种现象？

**唐教授：** 我认为同学们应该把目光放得更加长远，读书才是大学生最重要的使命，不该为了赚钱而减少读书的时间，除非真的家境贫寒。我认为同学们如果想要为将来就业增加筹码，有些能力完全可以从书本中获得。有许多能力都是相通，比如是非判断的能力、逻辑思维的能力。我所带的一位研究生，读研期间非常认真，一心学习，三年期间写了七篇论文，有六篇发表在权威杂志上。她发表的这六篇论文就成为她就业的重要筹码，而且帮助她很快在工作单位站稳脚跟。大学最重要的不是学会怎么赚钱，而是要学会做人做事的基本能力，这些能力是什么时候都适用的。经典的就是基础的！就像《论语》，它是所有儒家著作的基础。我们只有学好基础，才能在工作时有更多的选择，走得更远。

**记　者：** 我很赞同您的观点，也深信读书是大学生重要的使命。那接下来，请您谈一下"读书"。

**唐教授：** 关于读书，我有三句话送给同学们。第一句是"让读书成为一种习惯"，我们获得知识的途径有两种：一种是亲身经历，另一种是从书本中获得。我们不可能事事亲历，通过书本，我们可以遇到不能遇见的人，到达到不了的地方，获得更多的知识。第二句是"让思

维成为一种习惯",只是熟记书本的知识是远远不够的,我们要对知识进行思考,为我所用。第三句是"让创新成为读书的自然结果",在思考的基础上,我们要创新。只有在阅读了大量的书之后我们才知道该如何创新、创新什么。同时,创新也能成为我们读书的动力,我们发现自己的不足才能更努力的追求知识。

**记　者**：我相信您的三句话一定能引起很多同学的思考并且启发很多人。我在读《论语》时遇到了很多不懂的地方,可是我又不想直接在网络上搜索答案,这样获得的知识不够深刻,我如何才能提升学习的能力呢?

**唐教授**：想要提升学习的能力就要大量阅读、多方借鉴。比如,你想读懂《论语》,首先要选择权威的译本,然后看各种不同角度的解读,最后加上自己的思考。只有在借鉴的基础上,才能提升自主学习的能力。

**记　者**：您刚才谈到想要读懂一本书就要阅读大量相关书籍,但是如果我们不能确定自己想要读什么书,如何选择读什么书呢?是该按兴趣读书,还是应该系统化地读书?

**唐教授**：首先,我是不赞同"按兴趣读书"这个观点,按兴趣读书得有三个前提：第一,有足够的书供读书者选择,这对很多乡下的孩子来说是不可能实现的,只适用于城市里家境较好的孩子。第二,读书者要有足够的判断能力,判断什么书该读,什么书不该读。第三,要有足够的时间让读书者找到自己的兴趣所在,有些人也许读几本书就找到自己的兴趣,但有些人也许读了很久的书还是不知道自己的兴趣所在。除此之外,如果兴趣太过广泛,什么书都涉猎,就不会有所专长。我认为最好的方法是将基础和兴趣相结合,在不知道该如何选择时就读跟自己专业相关的书。

**记　者**：在读书时,我们应该心存敬畏还是去掉敬畏之心呢?

**唐教授**：有学者提出读书要去掉敬畏之心,我对这个观点并不完全赞同。如果一开始读书就去掉了敬畏之心,那就不能很好地吸取书本的精华,学习作者的长处。不过,读书时需要有批判精神,但是我们不能消除敬畏之心。

**记者**：我觉得与敬畏心相似的还有谦卑心。我对您印象最深刻的事情是上个学期您给我们班监考，我给您交试卷，您向我鞠躬并说"谢谢"，您对每一位同学都是如此。我感到很震撼，您是我们的老师而且德高望重，为什么对待我们也如此谦虚呢？

**唐教授：**我相信"三人行必有我师"，每一位学生都有比我厉害的地方，都有值得我学习的地方。既然值得我学习，我就没有理由不谦虚对待，是不是？我们既不要看高自己，也不能看轻别人。心存感恩，多为他人着想，也就没有太多应不应该了。

还有许多问题想要向唐教授请教，可是看着唐教授满头的银发，再看看时间，发现不知不觉已经过去一个小时了。想起唐教授的学生在得知我要采访他后，特地找到我，对我说："你如果能采访快点，就请你尽量快一点，因为他总是不注意自己的身体，不注意休息，我们都想让他多休息一会儿。"

我又想起唐教授批改过后"万里江山一片红"的作业本，确也实在不忍心多占用唐教授的时间，便起身，告诉他采访到此结束并表示感谢。他也站起来，跟我握手，笑着说："也谢谢你。"

附：

### 唐生周简介

唐生周，男，1956年2月生，汉族，湖南石门人，吉首大学文学与新闻传播学院教授，硕士生导师。湖南省语言学会常务理事，全国优秀教师，湖南省高校教学名师。发表的代表性论文有：《〈战国策选注〉读后献疑》(载《古汉语研究》1993年第2期)、《利用共时性造字符码破译古文字》(载《吉首大学学报》2001年第1期，《高等学校文科学报文摘》2001年第3期摘登)，《文字的变异义略说》(载《北京师范大学学报》2001年第5期)、《从〈说文解字注〉看段玉裁的声义观》(载《北京师范大学励耘学刊·语言卷》)，学苑出版社2015年版)。著有《训诂论稿》(岳麓书社2001年版)、《汉字学教程》(主编，语文出版社2013年版)。

# 谭五昌：海子的精神知音

## 诗歌批评家的价值在哪里

**王　琪**：你好谭兄！难得通过这次访谈，和你聊一些关于诗歌方面的话题。你在诗歌批评方面已经很有建树了，至今已出版诗歌及诗学著作20余种，可谓成果丰富，影响广泛。你是当代著名诗歌评论家，多年前就有"新锐批评家"之称了，那你认为批评家在诗歌中处于一个什么位置？

**谭五昌**：首先谢谢你对我进行采访！说起来我们是老朋友了，我们在诗歌方面的交往已有十多年时间，因此你才会对我的诗歌批评与研究工作有比较深入的了解。你提及的诗歌批评家在诗歌中的位置问题非常有意思，既道出了一般诗歌读者心中普遍存在的疑问，也道出了诗人们心中普遍的关切，还提醒着诗歌评论家对自己进行价值定位的必要性，所以这个问题是非常重要的。在我看来，从一般意义而言，诗歌评论家在普通的诗歌读者（非专业读者）与诗人之间起着桥梁般的沟通作用。一个诗人的具体作品及该诗人的创作特色、艺术风格、文学史地位，只有经过那些够格的与优秀的诗歌评论家的到位解读与阐释工作，才能为广大的普通诗歌读者所理解、所认可。假如缺少诗歌评论家，普通读者对具体诗人作品的阅读过程与定位评价工作将变得比较困难。简言之，好的诗歌评论家对普通读者的诗歌阅读行为，会产生一种理想化的思想引导与艺术启蒙功能。另外，好的诗歌评论家还具备一种前瞻性的文学史眼光。他能敏锐地发现一些有天赋的或有开拓性贡献的诗人并大力扶持，提前预言其在当代文学史（诗歌史）上的独特地位。

但必须客观指出的是，当代诗歌批评家与当代诗人及当代诗歌读者之间的关系存在某种具悖论意味的尴尬情形。一方面，某一位或某一批诗人的作品通常须经过诗歌批评家们的大力评介与宣传，方可达到为大众读者普遍知晓且广泛认可的境地。另一方面,诗歌批评家在当代诗歌领域却又常常处于某种边缘化的尴尬角色与境遇。具体来说,大众读者对当代诗歌批评家总体上并不怎么重视,也无从认知与了解诗歌批评家的内在热情。举个例子,我经常参加各种大型诗歌活动,当主持人介绍某位具有明星效应的著名诗人(如舒婷或余光中)时,现场总是会响起非常热烈的掌声乃至尖叫惊呼声;而介绍到某位著名诗歌评论家(如谢冕或吴思敬)时,现场响起的掌声则明显不那么热烈,至少不会有人发出尖叫惊呼声。这说明在大众心目中,诗人的价值要远远高于诗歌评论家的价值,哪怕这位诗歌评论家的批评才华再怎么出色,在大众那里似乎也不可能得到多大认可。可见,优秀的诗人在大众眼中光芒四射,而优秀的诗评家则相对光芒黯淡,几乎湮没无闻。这种情形对诗评家而言当然是不公平的,尤其是对一些一辈子将主要精力放在对某位著名诗人的追踪性研究或对某个诗群流派予以长期研究的诗评家,更是一种价值低估。值得指出的是,不少当代诗人对当代诗评家的态度一方面似乎受到大众舆论的影响,对诗评家重视程度不够,甚至对他们的批评文本常常颇有微词;另一方面,诗人们又很看重批评家的作用,内心里还是非常希望诗评家们能多为自己写到位的评论文章,并对自己的诗歌创作进行高层级的文学史定位。这就是许多诗人对待诗评家的矛盾态度,由此也凸显了当今诗人与诗评家之间的某种微妙关系。从这一点来看,诗评家的位置的确有其尴尬性。当然,真正优秀的有内涵的诗人对优秀的诗评家还是很尊重的,他深深懂得诗评家的价值。理想的状态应该是,诗人与诗评家之间互相尊重,互相欣赏,良性互动,在张扬优秀诗人价值的同时,也应彰显诗评家的价值,二者之间价值平等,各有千秋。

**王 琪**:十多年前,我就曾读过你写的《百年新诗的光荣与梦想》,这篇论文对"新体诗"的流变与发展进行了全景式的梳理与回顾,很多观点颇有新意。现代手法的合理运用,与对古典诗歌的传承,这之间最大的难度在哪里?

**谭五昌**:《百年新诗的光荣与梦想》这篇论文实际上是我为自己十多年前所编选的《中国新诗300首》所写的序言,对百年中国新诗的发展历程与美学潮流变迁做了宏观性的描述与梳理。如你所言,这篇文章得到了谢冕、牛汉、罗门、洛夫等不少诗坛前辈及国内一批知名诗人与诗评家的普遍肯定与好评,首先要谢谢大家对本人的青睐与抬爱。现在自己回头看这篇文章，还是可以明显感受到一种年轻人特有的批评激情与敏锐认知，那时自己的确非常年轻，正值风华正茂，写起文章来思维活跃，观念解放，见解独到，敢言人未尝言，甚少顾忌。说实话，我对这篇诗歌评论还是颇为满意的，它是我早期诗歌批评文章的代表作之一（但愿不要被读者朋友们解读为这是我的自恋态度，呵呵）。举个例子，这几年我每次见到台湾著名诗人罗门先生，罗门都会提及我的《百年新诗的光荣与梦想》一文并大大表扬一番，夸奖这篇文章"写得非常棒"，主要理由是我在该文中评论台湾三位资深诗人余光中、洛夫与罗门本人时，对他们三位诗人不同的创作风格、艺术成就与文学史地位进行了细致的阐释与评价。我的大致观点是：余光中对古典诗学传统的继承最为充分，古典性有余而现代性不足；洛夫在古典诗学传统与现代性审美趣味上达成了一种大致平衡；而罗门则是相对忽视古典传统、最具现代性经验特质的一位诗人，他们均赢得了自己应有的文学史地位。罗门深深认同我的观点，这应是他激赏拙文《百年新诗的光荣与梦想》的主要原因。

现在回到你的问题，你的意思是说，当代诗人创作诗歌作品肯定要合理地应用现代手法，如何来实现对古典诗歌的传承呢？这之间最大的难度在哪里？我认为，当下中国诗人的写作处于全球化语境之中，他要呈现的首先肯定是当下经验，但是他在处理与呈现这一经验时，肯定有意无意地会关注表达的独特性与有效性。假如他的表达与一位外国诗人的表达毫无区别，他的作品本身肯定处于非常尴尬的境地。这时候中国诗人的文化身份就显得颇为重要了。作为一名当代中国诗人，他肯定对中国文化有一种认同，他不可能彻底隔断与中国诗歌传统的联系，无论出于自觉还是自发，绝大多数当代中国诗人都会或多或少从中国传统诗歌中寻找可以继承的审美元素。不少当代中国诗人在民族意象、诗歌韵律、传统表现技巧、东方哲学理念、古典审美情调与趣味的传承方面做得颇为成功，像刚才提到的台湾诗人余光中就是一个典型例子，大陆诗人舒婷也称得上是一个典型例证。但是，更多的当代诗人在艺术创新与对古典诗歌的传承之间常常处于一种纠结状态，因为他要表现的是当代生活与当下经验，很难用古典的传统的那套语言、意象与手法来加以有效呈现，这是一个结构性的矛盾，你所说的最大的难度就在这里。这个问题恐怕也只能在诗人具体的写作实践中逐步加以解决。当今许多诗人在创作中有意使用一些中国本土词语、意象来呈现中国本土经验，这实际就是对古典诗歌传统的很好继承，比如洛夫在 21 世纪初用《漂木》来命名他的一首长诗，意图表达他的漂泊经验，东方色彩与韵味很足，中国读者很有感触。试想，如果他用《漂流瓶》来命名，那就没有什么中国的味道了。

**王　琪**：波澜壮阔的新文学运动对中国新诗的影响是非常深远的，这一时期出现的郭沫若、闻一多、臧克家、徐志摩、戴望舒等一批杰出诗人成为新诗的主力，他们留下的大量诗歌充分显示了各自独特的艺术追求和精神特质，称得上是对中国新诗的"集体贡献"。已经跨入新世纪十多年了，为什么他们依然在文坛散发着无穷的魅力？

**谭五昌**：新文学运动对中国新诗的影响的确非常深远，事实上，是胡适的新诗创作拉开了新文学运动的大幕，由此可见新诗在新文学发展史上的重要作用。你所提到的郭沫若、闻一多、臧克家、徐志摩、戴望舒等人，称得上是新诗史上的优秀诗人乃至杰出诗人。具体来说，郭沫若诗歌中个性张扬的五四精神与自由形式的创造，闻一多诗歌中强烈的爱国精神与自觉的形式规范，臧克家诗歌中的底层关怀与草根意识，徐志摩诗歌中的浪漫情调与唯美形式，戴望舒诗歌中的传统情调与现代手法的有机融合，大概就是你所指称的这批现代诗人的独特艺术追求和精神特质，是他们对中国新诗的"集体贡献"。这批诗人在 20 世纪上半叶的诗坛上可谓叱咤风云，在 21 世纪的当下依然有其不容低估的影响力，但是否称得上具有无穷魅力恐怕还有待考证。至少在我个人看来，那些杰出的当代诗人在今天比前述那批现代诗人更具影响力，因为当代诗人笔下所呈现的当下经验对今天的读者而言比前辈诗人更具吸引力。我在北师大的课堂上曾长期给本科生与研究生们讲授新诗，也到过国内数十所大学做过新诗方面的专题演讲，我发现学生们普遍倾向于听我讲解当代诗人的优秀作品。比如学生们更有兴趣听我来讲解食指、顾城、芒克、北岛、舒婷、梁小斌、王小妮、任洪渊、吉狄马加、翟永明、于坚、欧阳江河、王家新、李亚伟、西川、海子等当代诗人的诗歌及相关诗人故事。因为年轻人在这些杰出的当代诗人的作品中能够找到更多引起他们共鸣的人生经验与审美趣味。

## 倾心研究海子和海子诗歌

**王　琪**：研究海子的人很多，但我知道，你是较早系统研究海子的青年批评家。当年你从北京大学读完硕士后的毕业论文就是一篇《海子论》，这篇论文正式发表以后，引起了强烈反响，因为有些人不同意你的某些观点，能谈谈当时的状况和你对此所持的态度吗？

**谭五昌**：20世纪90年代末，我完成了我的硕士论文《海子论》，如你所说，这篇论文后来在诗歌圈内逐渐广为人知，并有幸获得诗歌界诸多同行的认可与好评，从而为自己的研究生求学生涯画上了一个比较圆满的句号。在此说两件事情，第一件事情是：当初我的导师、著名学者与作家、北大中文系教授曹文轩先生大力支持我的选题，并在我的答辩会上对我的这篇论文流露欣赏之情；第二件事情是：我曾在一张报纸上读到一位有才华、有个性的青年诗人的文章，他认为20世纪九十年代末只有两篇诗学论文他看得上，一篇是诗人批评家臧棣的论文《后朦胧诗：作为一种写作的诗歌》，还有一篇就是我的《海子论》。当然，也有极个别诗人不太同意我对海子诗歌及海子本人的研究与评价，并在公开场合发表了一些比较情绪化的贬低海子本人的意见，我对此的态度是不必较真，一笑置之。因为一些诗人尤其是年轻诗人在看待与评价优秀与杰出的同行时内心总是有一股不服输的心态。宽容与理智地来看，这其实不是件坏事，它至少能够大大激发该诗人的艺术创造欲望与能力。

**王　琪**：一直不太明白，你为什么如此关注海子？他对你学术之路影响很大？

**谭五昌**：简单来说，我最早看到海子的诗歌时，我从其中看到了自己心灵的影子，海子的纯粹、孤独、善良，对理想的赤诚、对爱情的热望等精神品质深深触动了我，我感觉自己是海子的精神知音，在很多瞬间，我甚至感觉海子的很多诗歌作品是我写下的（据说不少热爱海子诗歌的年轻诗人都有这种错觉）。当然我心中有这种感受，但写不出来，因为我还是没有写诗的天赋。从读到海子的诗歌那一天起，我就开始关注海子了，等我进入北大中文系读研究生后，我就花费不少时间与精力进行海子诗歌的解读与研究工作，毕业时写出了长篇论文《海子论》，被不少人视为很有前途的青年诗评家，从此我正式走上了诗歌批评的道路。

**王　琪**：前不久，也就是2014年清明之前，我无意中在一个朋友的微博上，看到你亲自带着海子的母亲去北京的二炮医院检查身体，当时微博声称海子的母亲身体健康，心情愉悦。看到这条消息，我非常感动，真有此事啊？

**谭五昌**：你看到的这个消息是真实的。今年4月3日，海子母亲和海子二弟查曙明应我要求来到北京，我想与他们商量海子诗歌奖的有关事宜。他们来到北京后，我发现海子母亲的一只手臂在老家摔伤了，至今还未痊愈，于是我在4月4日上午带着海子母亲去二炮医院专门做了检查，拍了片子，当时海子二弟和秦皇岛女诗人赵永红一起陪着老太太检查身体，见老人家手臂无大碍，大家都很高兴，老太太自己也心情大好。海子母亲对我很好，把我当儿子一样看待，我为她做这么一件事情合情合理，可以说不值一提。我觉得真正让人感动的倒是女诗人梅尔，她听说海子母亲到北京了便专门过来看望她，先是塞给老人家一个装钱的信封，听说海子母亲手臂受伤了又立刻打电话让她的一个理疗师朋友赶过来，让他特意为海子母亲受伤的手臂做了整整一个下午的理疗。我认为这是真正让人感动的爱心行为。

**王　琪**：2013年夏，在你的多方筹备和奔波下，征得海子家人同意后，由北京师范大学中国当代新诗研究中心、《星星》诗刊等单位联合发起设立了"海子诗歌奖"，并于2014年3月在京揭晓。这个奖项的设立，是为了纪念"再也回不去的诗歌年代"，还是纯粹为了推出致力于诗歌创作的优秀诗人？就目前来看，效果怎么样？

**谭五昌**：你知道，海子诗歌及海子本人这些年一直呈现升温状态，形成了一种值得研究的海子现象，许多诗界人士与普通读者都自觉地在为海子做事，其中比较有诗学价值的活动，一个是秦皇岛诗人赵永红、张鹤云等人筹办的海子诗歌艺术节，另一个是由诗人斯琴夫、卧夫等策划并筹办的青海德令哈海子青年诗歌节，以及由青海省宣传部、青海海西州政府、海西州旅游局等单位发起建立的海子纪念馆，就差设立一个"海子诗歌奖"了。于是我在去年上半年就萌生了设立"海子诗歌奖"的想法。这个想法首先得到了海子家人的一致支持，随后又得到了我的同事张柠教授、张清华教授等人的首肯与支持。再随后陆续得到了谢冕、梁平、燎原、树才、耿占春、唐晓渡、李少君、阎安、周庆荣、潇潇、安琪、洪烛、南鸥、韩庆成等一大批诗人与诗评家的大力支持。

简单来说,"海子诗歌奖"的设立,主要目的是为了推动海内外青年诗人的创作,弘扬纯粹性、原创性、理想性的海子诗歌精神。目前有寒烟等五位优秀诗人获奖,在诗歌界反响良好,大家普遍认为这个结果非常理想。一句话,青年诗人的创作热情普遍被调动起来了。

**王　琪**：对于海子诗歌的研究,你还有哪些新的打算？

**谭五昌**：目前为止,我出版了两本海子诗歌编著：一本是《面朝大海　春暖花开——海子诗歌精品》,是我对海子五十六首短诗的鉴赏导读本；另一本是刚刚出版的《活在珍贵的人间——海子纪念集》,其中汇集了对海子的怀念文章、作品解读和诗学评论。这两本书都是由江苏文艺出版社出版的,而且责任编辑都是于奎潮先生,即诗人马铃薯兄弟。由于马铃薯兄弟有很高的审美品位,做书又精益求精,这两本海子编著的印刷设计品质均堪称一流,大大提升了我这两本海子编著的传播幅度。

关于海子研究,我打算在这两年抽出时间来对海子全部作品进行深入研读,然后撰写出一部有水准的海子诗歌研究专著,海子家人也有这个意思。所以,一方面我感到很荣幸；另一方面也很有压力,不能让海子家人感到失望。在此顺便说一下,燎原、西川、陈超、朱大可、罗振亚、张清华、熊继宁、西渡、荣光启等诗评家、学者与诗人已写出过很有分量的海子诗歌论著,我得向同行们学习,以提升自己的海子研究水平。最后还要强调一下,海子研究工作只是我整个当代诗歌研究工作的一个组成部分,并不是全部。

## 无法抗拒的前行动力

**王　琪**：据我所知,你当初是在江西读了中师,又通过读自考,进入北京大学攻读文学硕士的,毕业分配至北京联大后,于 2001 年 9 月再次返回北京大学攻读中国当代文学方向博士学位,最后落脚北京师范大学。无论作为师兄还是老师,你都值得我们敬重和学习。

**谭五昌**：我的奋斗历程就是一个寒门书生有幸跃龙门的当代版故事。很多朋友已知道我的经历了,在此我就不再赘述以作炫耀了,谢谢你对我的表扬。

**王　琪**：多少年过去了,你走出了家乡小村,来到北京著名高校搞学问，这是很多人梦寐以求的事，但这一路非常不容易。你对你的人生经历有何感慨？

**谭五昌**：我出生于井冈山区的一个小村庄，一个典型的农家子弟。通过自己的奋斗，终于实现了自己的人生愿望与梦想，来到北京生存与发展。有人可能会羡慕我眼前所谓的风光，其实一路走来，经历过多少艰难、辛酸、挫折，只有自己心里最清楚。正所谓长夜漫漫无人伴，人间知己最难求。我深切体会到，自己的每一份收获是建立在自己加倍付出的汗水的基础之上，伟大的事业要用一生的心血与痛苦去追求。当然，在我的生命历程中，我也收获了许多珍贵的情谊，它们给了我心灵的温暖与继续前行的动力。

**王琪**：记得2006年夏天，北京在轰轰烈烈大搞建设、迎接2008奥运会举办之时，我们在京师园附近有个小型聚会，傍晚我要回宾馆时打不到出租，你站在马路上大声地吼叫，结果吼来了一辆三轮车，把我顺利送至车站，那情景真是令人动容。可以看出，谭师兄的性格很开朗，平时和学生相处也这么随和？

**谭五昌**：我都有些淡忘了，你现在这么一提醒，我在路边大喊大叫着为朋友拦车又可以当做一个诗坛趣事了。事实上，那时候我们小区还没建设好，路上很少有出租车，只有三轮车，噪音很大，我只能吼叫了，否则师傅听不到就会耽误你的事情。另外交代一下，我是江西井冈山人，我们那里的人说话普遍嗓门比较高，我遗传了井冈山人比较热情的性格，说话声音比较响亮。学生们普遍说我性格开朗、随和，许多学生还说我是最有亲和力的老师之一，我和他们相处得很融洽。

**王琪**：不止一次听你讲过，你平时的教学任务和科研任务挺重，是不是很累？搞诗歌评论只是其中的一部分吗？

**谭五昌**：我平时的教学任务和科研任务确实挺重，非常累，这是我许多同事的共同境况与感受。诗歌评论是我科研任务的一部分，由于我主要致力于诗歌批评与研究，所占比重就会大一些。

**王琪**：工作之余，是不是也去打打球、跑跑步？做点与诗歌无关的事？

**谭五昌**：是的，我兴趣比较广泛，一个从事诗歌研究的人不能全部淹没在诗歌当中，应该有自己丰富的日常生活。

**王　琪**：和你相处过的人都知道，你生活其实很简单，那么你认为诗性的东西和生活有什么相互依附关系？

**谭五昌**：我的确是个简单的人，崇尚简单、透明、诗意的生活。日常生活其实也充满了诗意，如果我们能长久保持一种好心情，能以超功利的审美心态打量我们周围的一切事物，再普通的生活也透出或浓或淡的美好诗性氛围。

## 保持友好的诗歌批评态度

**王　琪**：对自己目前搞诗歌评论还满意吗？作为"学院派"诗歌评论家，你眼里的真诗和真诗人是什么？

**谭五昌**：我目前对自己的诗歌评论工作还比较满意，主要是我喜欢这项工作，有不少朋友说我热爱诗歌生活，我觉得是知音之论。作为一个诗评家，我眼里的真诗是它能以语言的天籁性与生动性、意象的妥帖性、情感的纯粹性、哲思的深邃性深刻地感染我，而我理解的真诗人应该是对诗歌抱有虔诚、纯粹、敬畏的态度，常怀一颗赤子之心，且对语言有一种天生的敏感与想象力，这两个问题内涵很丰富，我在这里简单作答了。

**王　琪**：你为什么如此热衷诗歌评论？面对诗坛，经常觉得有话要说，对吗？

**谭五昌**：我前面说过，我热衷诗歌评论主要是因为我喜欢为诗歌做工作，更具体一点说是我想努力在诗人与普通读者之间搭起一座沟通的桥梁。同时，对于诗歌与诗坛也有话要说，前者是我借助诗人的作品抒发自己的感受，后者则是我通过评论的方式对诗坛明确宣传自己的诗学主张。

**王　琪**：对于当前大学校园的诗歌现状，你满意吗？比如对于首都高校的诗歌现状，你有什么建设性意见或建议？

**谭五昌**：我对当前大学校园的诗歌现状总体上还不是特别满意，以首都高校为例，现在基本上每所高校的校园诗歌氛围不是那么浓郁，写诗的大学生人数偏少，热情也不是非常高涨，娱乐主义与实用主义思潮在青年群体中占据着优势地位。我建议每个高校的文学社平时组织固定的读诗会，形成诗歌创作与交流的内部小气候；同时，可以请一些对当代诗歌充满热情与价值认同的诗评家与诗人进行专题讲座，充分调动学子们学习新诗与创作新诗的人文热情。

**王　琪**：每个正在成长期的青年诗人，都希望听到评论界的声音，指责也好，鼓励也好，总之要真实、客观。你作为一名诗歌评论家，如何才能助推他们走得更远一些呢？

**谭五昌**：对处于成长期的青年诗人而言，最好的方法是让他能够及时听到诗评家对他中肯的评论意见，不一定都要听到溢美之词，批评意见也应虚心接受。不过对一个负责任的诗评家来说，他对青年诗人应抱有真诚的友好的批评态度，在此基础上须对该青年诗人的创作优势与发展方向发表明确的指导性意见，这对青年诗人的帮助将是最具实质性的。

**王　琪**：我知道这些年来你一直忙忙碌碌，为中国新诗做了不少事情。今年是马年，请问你有什么诗歌计划吗？

**谭五昌**：呵呵，你最后一个问题还真的问得很及时。我现在向你简单说说我马年的一个大的诗歌计划吧：就在年初，我联合中国诗歌流派网执行主编韩庆成先生发起一个 21 世纪中国现代诗群流派大展活动，意图让诗人们以集体亮相的方式呈现自己各自不同的群体流派艺术风貌与诗学主张。因为随着 21 世纪多元化文化环境与格局的形成，诗歌写作的多元化样态与圈子化倾向日趋鲜明。本次现代诗群流派大展得到了国内外数以千计的广大诗人与诗评家的热情支持，大家认为这个大展将极大活跃当代诗歌创作与发展态势，看来大家对这次诗群流派展示的意义达成了比较广泛的共识。否则，我也不会浪费时间与精力去做一件无意义无价值的事情。当然，肯定会有一些诗人与诗评家对这次大规模的现代诗群流派大展有自己的不同看法，这是属于合理的学术争鸣，我们对此持有完全心平气和的心态。

附：

### 谭五昌简介

江西永新人。2004 年 6 月获北京大学文学博士学位，毕业后任教于

北京师范大学文学院,现任北京师范大学中国当代新诗研究中心主任、国际汉语诗歌协会秘书长,是目前中国最活跃、最具影响力的诗歌评论家,兼任贵州民族大学客座教授、甘肃省文学院特约评论家。出版《二十世纪中国新诗中的死亡想象》《诗意的放逐与重建——论第三代诗歌》《面朝大海 春暖花开——海子诗歌精品》《活在珍贵的人间——海子纪念集》《21世纪诗歌排行榜》《中国新诗白皮书(1999—2002)》《在北师大课堂讲诗》《见证莫言》《"我们"散文诗群研究》《国际汉语诗歌》等学术著作及诗歌类著作20余种。2006年被中国作家网列为"新锐评论家"。2007年被评为"中国十大新锐诗歌评论家"。2008年,主编"三味学术文丛"(安徽教育出版社出版)。2012年,主编10卷本的"中国新锐批评家文丛"(昆仑出版社出版)。自2011年起至今,发起并主持年度"中国新锐批评家高端论坛",在国内批评界与学术界产生了良好的反响。他主编的《年度诗歌排行榜》,在中国当代新诗界和出版界成为一面标杆式的旗帜和最具品牌价值与影响的一个权威选本,在国内外有着广泛声誉。

近十余年来,先后担任徐志摩诗歌奖、闻一多诗歌奖、海子诗歌奖、李白诗歌奖、陈子昂诗歌奖等国内重要诗歌奖项的评委及评委会负责人。曾应邀在北京大学、清华大学、鲁迅文学院、中国现代文学馆、中国人民大学、北京外国语大学、中央美术学院、中国传媒大学、中央民族大学、对外经贸大学、山东大学、海南大学、南昌大学、湖南大学、广西师范大学、暨南大学、四川大学、贵州大学、贵州民族大学等国内四五十所高校与研究机构做过中国当代诗歌、中国现当代文学与文化现象等专题学术演讲。

立人读书沙龙（2015年卷）

# 第四辑　征文佳作

　　有一种享受叫做阅读，有一种美丽叫做静谧，有一种生活叫做诗意的栖居。当我还是一个懵懂少年的时候，我与顾城在几十年时间的路口"相遇"。划开迷雾，你柔情似水、风度翩翩。认识了你，我懂得了"黑夜给了我黑色的眼睛，我却用它来寻找光明"。

——石慧琳

# 窗前明月枕边书[1]

马克思主义学院 2014 级　石慧琳

我把书都放在枕边，因为那样才能听到作者的心跳。

——题记

挑一盏明灯，泡一杯热茶，执一本好书，在静谧的夜里与书有个约会。翻开泛黄的书页，空气中瞬间弥漫着过去的味道。随之，一朵被书页压平的栀子花从书中滑落在地。我听到记忆破碎的声音，于是我捡起一片花瓣，于花瓣中，我看到了一轮明月、一本书、一个安静的我。

琳琅满目的书店，我看见一个孩子正安静地翻看着一本《格林童话》，而那个孩子正是我。我沉浸在故事中，仿佛世界都安静了。每天，太阳落山之前，我都会背着书包去学校旁边的书店一逛。儿时的我喜欢看童话故事，喜欢幻想童话里的公主和王子。可是，在书店老板打破了我去书店只看不买的那份宁静之后，我只有无奈地在放学后路过书店偷瞄一眼来确认一下它是否仍在原来的位置。总有一天，它会是我的，我相信。

终于，在一个明媚的午后，我拥有了那本书。我喜欢在安静的时光里阅读，喜欢在静谧的夜里阅读，喜欢把书放在枕边。那样，枕边便是天堂，便是我通往童话的入口，而窗外便是一道弯月。

我把书放在枕边，因为那样更方便阅读。

我捡起第二片花瓣，于花瓣中，我看到了一间教室、一张课桌、一个嘴角微微上扬的我。

---

[1] 吉首大学首届"立人杯"读书征文大赛一等奖作品。

有一种享受叫做阅读，有一种美丽叫做静谧，有一种生活叫做诗意的栖居。当我还是一个懵懂少年的时候，我与顾城在几十年时间的路口"相遇"。划开迷雾，你柔情似水，风度翩翩。认识了你，我懂得了"黑夜给了我黑色的眼睛，我却用它来寻找光明"。于是，我的课桌上出现了这句诗，柔情似水但又豪情万丈。

嘴角微微上扬，因为诗意的栖居。以书相伴，即使人在名利场翻滚，心也可以在荒村听雨。穿过历史烟云，我仿佛在与徐志摩作诗，在与丁玲写文章，在与黑格尔谈哲学。如此说来，读书便可以与作者相遇、相知，畅谈人生。这又是怎样的一种好呢？

少时不懂怎样读书、读什么书。就如饶雪漫在《左耳》中说的"爱对了是爱情，爱错了是青春！"读书也是如此，"读对了是读书，读错了是探知！"既然都已成书，必定会有它自己的好处。在忙忙碌碌的生活中，我们忙着赶路，却不曾知道在路途中早已梦沉书远。漂泊的游人啊，请停下脚步，让我们来相约一起读书！尘世纷扰，给自己的心上点蓝色，让它更接近宁静。

于是，我悠然写下一首诗——《凌晨四点的蓝》：在宁静的月夜下，闭上眼，我看见那盛开的夜来香。那夜来香，它们开在悄然的夜下，开在我微凉的心中。尔后又不见，消失在心的宇宙边缘，而心，是凌晨四点的蓝。

喜欢把书放在枕边，因为那样才能够与作者交流。

回过神，我又捡起第三片花瓣。于花瓣中，我看到了窗外的明月、枕边的书。

我们途经了易逝的时光，枕边的书也渐渐变多。我的书路历程便是我的心路历程。青年的我已跳出儿时童话般的世界、少时诗意般的生活。在行程的路上，我"结识"了卡勒德·胡赛尼小说中的阿米尔和哈桑。这让我在深入了解到友情、亲情的同时也读到了书中包含的对战争的厌恶和对种族歧视的憎恨。

然而，在一个偶然的时间，我偶然的"遇到"了当代作家玄色，从此便踏进了她的小说《哑舍》中。喜欢她古色古香的文字，喜欢她小说的形式，更喜欢她对历史不一样的讲述。她用手中的一杆寂寞笔，写尽了心中所言。在她的《哑舍》里，我读到了逝去的历史，更读到了书中所写的猜疑、野心、欲望、亲情与谎言。

在灯下，读着、品着、沉思着、倾听着。而心沉淀着，像一首小曲儿悠悠地在月下轻吟。

长夜、孤灯、画卷，而在枕边的却是书。世间几多沉浮，唯有读书胜过一切浮华与名利。当我们奔走在一群群熟悉的陌生人中，做着一件件谋生的工作时，不要忘了在夜里读一本"枕边书"来独守心中那一轮圆月。

我把书都放在枕边，因为只有那样才能听到作者的心跳。

书，你偷走了我的影子，不论你在哪里我都会一直想着你。现在，让我听着你的心跳入睡。

# 书香墨韵绕指尖[①]

文学与新闻传播学院 2012 级　　唐　娇

江南的雨，微醺朦胧，有点点清凉，也有淡淡忧伤。撑着油纸伞，走过流水淌过的小桥，静观雨点滴落激起的涟漪，那是属于江南特有的韵味，而我也独爱这种古韵的气息。就如宋词的绮丽婉转，丝丝入扣，不经意间便触动那根多情的神经，陶醉在词句的意境里。

无论是"大江东去，浪淘尽"的豪情，"会挽雕弓如满月"的壮志，还是"古藤老树昏鸦，小桥流水人家"的落寞，"东风夜放花千树，更冷落，星如雨"的烂漫，在书香的世界里总能找到寄予自己情感的一隅，寻到产生共鸣的话语。

书香，宛若身穿一袭白衣的女子，踏着文人的笔墨，挽着骚客的风情，从山岭深处走来。一袭白衫浸染了最真、最深、最奇、最美的词句，在女子旋转舞动的过程中，散发出醉人的馨香，弥漫在书的海洋。千年的丹青书卷，在历史长河的烟波里流淌，伴着远古的风雨，在纷乱的漩涡里激荡。

喜欢掀开新书散发的幽幽墨香，如同开在山间的兰花，清淡中带着甘甜。那一撇一捺的方块字里，有文明的积淀；氤氲的书里，呈现的图文，化作一种情调，飘在人间。书香墨韵，相守千年。那流露的真情，那执笔的瞬间，在指尖上镌刻永恒。

飘落的是梦中年华，飘不落的是心中诗花。一词一语，有说不尽的情愁，一句一段，有道不明的别绪。在文字中体味言语的精妙，在书海里感悟人生的酸甜苦辣。

---

[①] 吉首大学首届"立人杯"读书征文大赛二等奖作品。

还记得中学时阅读巴金先生的《家》，为觉慧与鸣凤的爱情流泪，只是那么平常的话语与场景，却是直击心灵的感动。"三十日在觉慧看来不过是这个月的最后一日，然而在鸣凤却是她一生的最后一天了。"他们的爱情注定是悲惨的。但是我总幻想他们相守在一起，就像我幻想傩送回来了，和翠翠相守在一起，总希望故事的结局是圆满的。

但是一岁一年长，当理性压过了感性，才发现，再次读到鸣凤的结局时，仍会含着泪水，但我却接受这样的结局，这种悲剧色彩下不一样的精妙绝伦。我想那大概是文字的魅力，是书香的墨韵。"平静的水面被扰乱，湖里起了大的响声，荡漾在静夜的空气中许久不散。接着水面上又发出了两三声哀叫，这叫声虽然低，但是他的凄惨的余音已经渗透了整个黑夜，不久水面在经过剧烈的骚动之后又恢复了平静。只是空气里还弥漫着哀号的余音，好像整个的花园都在低声哭了"。这是对鸣凤的最后描写，虽然结局很明显，但我认为这是在结局下的另一番意味，有鸣凤的绝望与不舍，有作者的情感，也有读者的遐想。

漫漫人生路，风雨常相伴，一路走来，山高水远。我对书香墨韵始终拥有绵绵不尽的情感。喜欢书香的馥郁悠远，喜欢墨韵的意味深长。那些独特艺术魅力的篇章，闪耀着五光十色。那些精美的字里行间，灿若群星。那或浓或淡，或幽或远散发的阵阵书香，是"蓦然回首，那人却在灯火阑珊处"的顿悟。

"读书如品茶，醇香芳自知。"手执书卷，用心感受，不负岁月静好，不负书香墨韵。

# 世界的意义不在世界中[①]
## ——评维特根斯坦《逻辑哲学论》

**哲学研究所硕士研究生　张达伟**

路德维希·维特根斯坦（Ludwig Wittgenstein，1889—1951年）是一名出生于奥地利的英国籍哲学家，和罗素互为师友。同性恋、自杀家族史、希特勒小学同学等各种标签令这位天才蒙上一层神秘的色彩，但这些都不妨碍伟大人物的光辉思想流传后世，若要论说20世纪的哲学家，绝对绕不过维特根斯坦。

《逻辑哲学论》是维特根斯坦的早期代表作。在这本书中，作者向我们呈现了一个完全不同的世界，这不是由自然科学构成的世界，不是看得见摸得着的世界，而是"逻辑的世界"。自然科学所描述的世界不得不依赖经验的发现和证实，而我们无法亲身经历所有事物的具体情境，用自然科学的知识体系不可能将经验的世界完全描述出来，自然科学之所以可信，正是因为它是用特定的方法对世界的局部进行剖析，但同时这种赖以确信的局部解释性令自然科学不可能对世界作出先天的、必然的、普遍的描述。

在事物的种种差异性背后，存在着同一性——世界的逻辑结构。逻辑并不依赖经验的发现，它是自足的。在维特根斯坦这里，世界不是一个"事物（thing）的总和"（属于自然科学），而是"事实（fact）的总和"（属于逻辑）。人们对事物的判断总是以一个事实（命题）的形式表达出来。例如我们提到"桌子"这个事物时，其实省略了桌子的事实状态，我们的意思其实是"桌子存在着"。只有这样，我们要表达的意思在逻辑上才是完整的，虽然日常语言中不可能这么说，但这里重在指出日常语言背后的逻辑本质。

---

[①] 吉首大学首届"立人杯"读书征文大赛二等奖作品。

人类的语言是区别于其他动物的一个重要标志，也是文明的必要元素。我们的语言就是世界的一副图像，世界如何发生，人就如何按照理性的指引去思考它，人的思想不可直观，只能通过语言表达出来，那么语言就随世界而发生，语言和世界的这种一致关系叫做摹绘。各种事物之间以一定的方式连接起来，类似地，在语言中所形成的图像就因此而成立。我们的汉字集声音和图像于一体，看到形声字就能明白它所表达的意思。汉字就意味着世界的图像。一副图像的意义就在于它的各个部分是按照一定关系连接起来的，"图像所表现的东西就是图像的意义"。（2.221，这里引用本书中的内容只标明段落序号，下同）这样再简洁不过的话，放在整本书的话语情境中，却是值得玩味的。对于习以为常的东西，我们需要认真反思，这是哲学活动的特质，它区分于常识的思维方法。

维特根斯坦在书中用极其简洁的、箴言式的话区分了自然科学和哲学：

真命题的总和是全部自然科学（或各门自然科学的总和）。（4.11）

哲学不是一门自然科学。（4.111）

哲学的目的是对思想的逻辑澄清。
哲学不是一种学说，而是一种活动。
一部哲学著作本质上是由阐释构成的。
哲学的结果不是得到"哲学的命题"，而是对命题的澄清。
哲学应当把不加以澄清似乎就暗昧而模糊不清的思想弄清楚，并且给它们划出界限。（4.112）

诚然，维特根斯坦在这里对哲学的诠释并不具有普遍性，但在哲学史中是一种新的方式。在此之前，西方思想的传统将哲学活动的对象和自然科学的对象混淆起来，近代以来自然科学逐渐脱离哲学而成为单独的学科，但是人们惯常的思维方法还是意图用哲学的论证解释自然科学的世界。语言哲学的发现，或者说在哲学中语言的发现将自然界归于自然界（自然科学），将思想（逻辑）归于思想（逻辑），从而为哲学划定了清楚的界限。我们可以思考世界是什么样子，但不能思考世界是什么。我们可以言说世界如何存在，但不能言说世界为何存在。

维特根斯坦其实消解了哲学问题的必要性,按照本书的观点,我们对哲学没有什么可说的,我们只能言说自然科学的命题,我们谈论哲学最终导致我们不再谈论哲学。这对哲学史的发展是致命的,如此一来,则不难理解"哲学已终结"的论断。但事实并非如此,人们总是发现新的问题。

如果说维特根斯坦对哲学、命题、世界、事实、事物的解释最终导致哲学问题的消解,那么可以说维特根斯坦在本书中所探讨的哲学问题将只剩下世界的意义。按照维特根斯坦的说法,世界的意义这种缥缈玄远的东西,不可能在世界之中,因为"在世界之中的一切都如其所是地是,一切都如其发生地发生。"(6.41)世界本身只能由自然科学的命题来描述,而这样的世界不存在逻辑的必然性,一切都是偶然的、变动的,而世界的意义和价值要成立则必须是恒定的、非偶然的,否则怎能作为价值和意义而存在呢?

自然界所发生的一切现象之间并不存在必然的因果关系,经验论的终结之处在休谟那里已经向我们表明这一点,那么自然界事物之间连续发生的必然性是什么呢?是逻辑的必然性。我们只能在逻辑中寻找到必然性,在对自然现象的描述中找不到必然性。必然性就意味着意义和价值。那么世界的意义按照逻辑则无法存在于世界之中了,它只能在世界之外,因为不在世界之中的东西必在世界之外。这里的世界界限不是自然界的界限,而是逻辑的界限。意即世界的意义不能用命题来言说了,命题只能言说世界之内的自然科学的对象。

用此维特根斯坦的理论推出伦理学的命题是不可能的。伦理学旨在寻求一种世界的意义和价值,而世界的意义不在世界之中,不在经验之中,所以伦理学是超验的,它和美学一样,要依赖非逻辑的情感和意志。"意志,作为伦理的东西的载体,是不可说的。"(6.423)

假如要询问人生的意义或世界的意义这样的问题,由于每个人对这个问题的实质都有不同把握,为了能够在同一语境下进行交流,两人需要在"人生和世界的意义"这个问题真实的意味上达到一致。因此,解决这个问题之前首先是对这个问题本身的阐明,而在对问题的阐明过程中,提问者就逐渐明白提出此问题究竟是在欲求什么,究竟意味着什么,

问题就在这逐渐的阐明中被消解。"我们在人生问题的消解中看到了它的解决。"（6.521）

按照维特根斯坦的说法，哲学只能去说那些自然科学的命题，只有这才是可说的，我们的思想和语言只能是对世界的一种摹绘。但是世界为何存在，世界的终极意义和价值是什么，我们无法思考，无法言说，因为这超出了逻辑的界限。语言就是世界的界限，语言可以说的都在世界中，语言不能说的必不在世界中。维特根斯坦用这么一句经典的话来结尾——凡是不可说的东西，必须对之沉默。

如此一来，维特根斯坦用可说与不可说为世界划定了界限，也为人类的语言划定了界限，也消解了哲学问题存在的必要性。他拿《逻辑哲学论》这本书到剑桥大学申请博士学位时，答辩主持人是罗素和摩尔，随便聊了聊之后，罗素提问说，维特根斯坦一会说关于哲学没有什么可说的，一会又说能够有绝对真理，这是矛盾。维特根斯坦拍着他们的肩膀说："别急，你们永远也搞不懂这一点的。"这样博士论文答辩就算结束了，罗素和摩尔一致同意通过答辩。这么伟大浪漫的事情只有当几个伟大人物碰头时才有可能发生。

维特根斯坦谈论了这么多的哲学问题，最终的答案却是哲学问题并不存在，并不能言说。然而这并非没有任何意义，哲学的效用就在于使我们明白——怎样才能正确有效地去思考问题，问题的实质是什么。哲学并不为我们提供直接的答案，而重在提供一种思维的方法，从事哲学活动是对思维的锻炼和启发，让人真正学会讲道理。对于维特根斯坦的《逻辑哲学论》，最好就谈到这里吧，说再多就面临着"不可说"的尴尬了。

真正的哲学必须超越可说的界限，从而真正的哲学也就不可说——这是维特根斯坦的训诫。

# 写给"立人"读书沙龙的情书[①]

马克思主义学院 2014 级　　李海姣

亲爱的"立人"读书沙龙：

你好！初次和你相遇是在 2014 年的 10 月份，那时候刚从"痛苦"的军训中摆脱，对大学生活充满了好奇，无意间在宣传栏中看到了你的身影。我有一个很爱读书的闺蜜，一见你就欣喜不已，她说星期天晚上一定要与你相约。我只是笑笑，因为我根本就不喜欢读书。如我所愿，星期天晚上因学院有事我们失约了。接下来的几个月，虽然每周都能见到你，但在大学的校园里我已找到了自己喜欢做的事情，对你也不再好奇。直到 2015 年的 4 月份，星期天晚上无聊至极。突然，闺蜜说："我们去参加读书沙龙吧！反正也没事可做。"我啥也没想，起身就走。可是当我们看到你华丽的外表时，却不知所措；与你相约的人看起来都是些知识渊博的大人物，我们被吓到了，转身就走。也许是有缘吧，我们遇到了你的好朋友胡建文老师，在他的鼓励下，我们鼓起勇气和你相约了。

第一次和你亲密接触，心里很忐忑。我记得那一期的主题是"历史是一条河——沈从文的《湘行散记》解读"。令我惊讶的是，一个从小就不喜欢读书的人竟会沉迷于教授对书的讲解。短短 2 个小时，我了解了湘西的文化，走近了沈从文，学会了怎样用喜的语言把悲的情感表现出来……可谓收益颇丰。我没想到你竟有如此大的魅力，一个厌倦文学的人也会渐渐地迷恋上你。而现在我最想和你说的是"谢谢"！

谢谢你！与你为邻，我有了读书"强迫症"。有人说"兴趣是最好的老师"，可是我从小就不喜欢读书，对厚重的书本尤为恐惧。中学阶段也常被老师逼着读课外书，效果并不好，只是做做样子而已。因为这，

---

[①] 吉首大学首届"立人杯"读书征文大赛二等奖作品。

有时还会跟语文老师对着干。可是现在，我发现自己爱上了读书，书本已是床头的常客；我喜欢上了书中优美的文字，喜欢上了书中跌宕起伏的故事情节，更喜欢揣测书中作者的情感。我从《灰舞鞋》中感受到了"文化大革命"的残酷；也从《毛泽东传》了解了伟人的一生……

谢谢你！与你为邻，我学会了怎样去读书。我是一个不喜欢读书也不会读书的人，平常读书都是随便拿一本书从头读到尾。和你接触之后，要学会了怎样选书读，知道了哪些书才是适合自己的，读书前要浏览下书的目录，大概了解书中的内容；读书时，有些部分需要精读，有些部分只需走马观花就行。此外，写读书笔记是必不可少的。

谢谢你！与你为邻，我明白了读书的意义。读书可以扩宽人的视野。三毛说"读书读多了，容颜自然改变。许多时候，自己可能以为许多看过的书籍都成为过眼烟云，不复记忆，其实他们仍是潜在的，在气质上、在他们谈吐中、在胸襟的无涯，当然也可能显露在生活和文字中。"《湘西散记》让我了解了湘西的文化底蕴和沈从文，还让我懂得了什么叫文学，好的文学作品应该是贴近生活的;《美的历程》让我了解了美学;《沈从文与丁玲的思想》让我学会了感恩……白岩松说："看书，是在书中寻找自己，有书在，永远踏实。你的问题是看书太少，想得太多！多读书，你的境界就不一样。"读书也可以消除心中的浮躁。在这个物欲横流的时代，唯有在书中才能找到心中的净土，古人也说"书中自有黄金屋"，想要有所成就还得多读书。

谢谢你！与你为邻，我找到了奋斗的方向。进入大学，突然间就失去束缚了，课又少，懵懵懂懂的我打算虚度大学四年。可是，你的出现让我认识了很多朋友，纵然也就知道了自己与别人的差距。于是，我开始思考自己的人生，自己到底想要什么，自己想成为什么样的人，自己还有哪些地方需要努力。我只希望自己笑着走进来，四年后也能笑着走出去。

我们在静美的吉大相遇，我喜欢美丽的风雨湖畔，更喜欢知识渊博的你！

# 书香素默,岁月安然[①]

外国语学院 2014 级　　胡　湘

我是一个有很多爱好的人,感兴趣的事情有很多,但自认为能够上升到喜爱这个层面的就只有读书了。

喜欢伏在案前,拥着柔和阳光,持一杯香茗,在缕缕清香中轻抚着书卷上的文字,让那些落在素笺里的香息在内心氤氲开来。

"读书就好比隐身'串门'",杨绛如是说,我所理解的读书也确是如此。读一本好书就好似拜谒一位大师名流。而"串门"的好处就在于,当你不得要领时可多次造访,而你也不用担心他会将你拒之门外。这与入仕博名无关,只是将其作为一种纯粹性的拜读来进行,当阅读到了这般高雅的境界时才称得上真正的读书。

林语堂认为读书的主旨在于摆脱俗气,黄山谷曾说不读书便语言无味、面目可憎,可有人却认为读书不过是一种装潢而已,抱着这样的心态去读书的话反倒会成为一种羁绊和束缚。书作为一种能够抵御时间之流冲刷的圣物,自然承载着众多睿智的结晶。以功利为目的所进行的阅读,理所当然是领略不到其中的真谛了。但当你把读书当成一种乐趣时,你不仅可以在那随意游走的笔墨间不断裂变你禁锢已久的思维,还可以学会搁浅尘埃里的无奈。正所谓:世间总多三两愁,但用书卷以豁心。

阅读其实是一段奇妙的旅程,当你与捧于手中的书结伴同行时,当你始终如一地坚持内心对文学的探索时,当你将一颗颠沛流离的心安置在笔墨丹青的淡淡墨香里时,不必刻意熏染,那书中精髓自会浸透到你的灵魂深处。

---

[①] 吉首大学首届"立人杯"读书征文大赛三等奖作品。

而读书的最高境界应当是如痴如醉，任四季交替变化、春去冬来，任屋外天寒地冻、酷暑难挨，始终认为至乐不过读书。岁月更迭，无数名人凭借他们对读书的热忱成就了千古流传的佳话，如读书成瘾、一看就"醉"的闻一多，把书堆满睡床的毛泽东，误把墨汁当小菜的黄侃。他们无不蜗居于书，把读书当成一门艺术。正是那些装订在书页里的细腻情感成了他们骨子里的一抹正性情。

书有糟粕之类和精华之类，要学会读书首先便要学会辨别书之好坏，有自己的喜好和舍弃。读好书可让你将烟火的生活过得波澜不惊，而坏书可引导你进入一个无路可走的无尽黑洞。我所喜欢的书是文风中带着素雅格调的书，字句虽朴实无华，却蕴含着深刻的内涵，读之有血、有肉，有思想。读这一类书让我即便生活在浮嚣的尘世里，也能喧中生静，静中生幽，心如止水。

若想要足不出户而可以明智、静心，那最好的方式便是读书了。葡萄美酒夜光杯的悲怆、沉醉不知归路的流连、直挂云帆济沧海的豪迈，不同的文字饱含着不同的情感。在书本的世界里，你可以跨越岁月的阻隔与作者同欢乐共患难，你可以醉倒在如画的诗山词水之中，你可以借书之明哲鉴己之长短。当你领略到作者的情感和真意后，便会心生荡漾，产生共鸣；当你所读之书的数量越来越多时，你会发现满腹经纶带给你最大的好处便是你的心智正变得越来越开明，面对世事无常的人生，你越来越能处事不惊的淡然处之。

穿越拥挤的人流，卸下虚假的面具，独居一庭幽园，沉醉在一段文字里，与书窃窃私语，听作者在你耳边的轻声呓语，只管独自安顿。在这里，就能找到你在尘世中落掉的一些东西。

让文字伴随生活，总归是不会让你过得空虚的。在尘世的素锦上，让文字为你参出一丝禅意，在书卷的呢喃里，将绻绻心事深埋。经年里，读一本好书，赏书中美景，看人生百态。莞尔，捻一朵微笑，让平淡的岁月里留下阅读带给你的充实。书香静默，岁月安然，如此便好。

# 读书，让生活成诗[①]

文学与新闻传播学院 2014 级　张　欣

默剪一段烛光，在杏花烟雨的江南，撑一把油纸伞，步步生莲。

无论在晨起的熹微、风吹的午后抑或落雨的夜晚，读一首词，该是多美的意境。漫长的文化旅程，经历了无数岁月的问询，光阴沉淀，那静如秋水的文字，依旧萦绕着梦里的情怀，那些与书作伴的人一生被书香浸染。

书中自有一种情调和韵致，让人联想。读书中，我与作者仿若近在咫尺却又远在天涯。细细欣赏，读书自有一种魔力，可怡情可励志，可让视野开阔，思想深刻。书里相逢，纵使往事早已苍白，在时光的阡陌上，带着带着洁净的心，翻阅书卷，会发觉，每一阕词，都会说话；每一个字，都有情感；每一个读者，都有故事。

书中的诗意，是古韵里的一次回眸。有人说，回望北京，可追溯到老百姓门口的雕花木墩；回望上海，可追溯到老祖母耳垂上的翠玉。走过明清的宫墙，穿过北京的胡同，我尽力地呼吸这里的每一丝空气，感受这里的每一次心跳。蓝天白云，我触摸到时光的痕迹，想象着这里曾归属怎样的主人，发生过怎样的故事。沧海桑田，竹椅背后的刻字，墙上的斑驳，承载着多少情感，经历过多少风霜雨雪。

诗意的读书使生活更加精致。读词的妙处，在于读后清澈心灵，如薪火煮就的一壶清茶，天然本性，不修雕饰，诗句里有碧水流云的高远，明月清风的疏淡。读史的妙处，在于明心励志，于朝代更迭中仗笔走江湖，撑杆钓清欢。书中淡雅的墨香，是无言的诗，几千年流转的文字，

---

[①] 吉首大学首届"立人杯"读书征文大赛三等奖作品。

带着不可言说的魅力。作者将学识修养、人生阅历、佛风道骨，凝于笔端，令书意风姿摇曳，历久弥新。

于书中品味不同的人生，或旷达或曲折，无需浓墨重彩，几笔轻描淡写，便可知足常乐。从中感受人性的复杂情感的多变，让不曾经历的人生命更加完整。书中岁月，字里乾坤，无人做伴的日子，亦不寂寞，铺一张纸，蘸几点墨，书几卷云霞故事，写一段似水流年。

青葱校园，古老瓦屋，江南水乡，帝都皇城，有书的地方便可成诗。

# 同 行[1]

外国语学院 2013 级　　胡　颖

我有一个朋友。

她带我去许多陌生的地方，认识不同的人，听他们讲属于自己的故事，让我感受着那些人的喜怒哀乐，尝尽生活百味。

她总是那样不经意地陪伴我身旁，一如我的影子，行至何处，都散落一片阴凉。入夜，影子便化为淡淡熏风，拂去萦绕在心头的疲惫，伴我入眠。

她让我看到艾莉丝·沃克绘出的紫色，那象征着美好的生活和对生活的追求，停留在 *The Color Purple* 中每一个感人至深的瞬间，被镌刻在斯皮尔伯格的镜头里，每一帧画面都唯美永恒。她带我来到那 20 世纪末美国南部的乡村，田野上开满紫色的小花，柔弱的花茎在风中摇曳着，一对黑人姐妹花穿梭于其中，欢腾，追逐，嬉笑。夕阳映着她们黑色的皮肤和鬓发，裙摆拂过的地方，洒下一片霞光⋯⋯

诚然，西丽的半生隐忍而艰苦，可她依旧是幸福的，也是幸运的。她有深爱她的妹妹奈蒂，给她亲情、信念、乐观；有真正教会她爱与被爱的爵士乐歌唱家莎格，让她获取尊严、力量、重生；还有无畏的索菲亚，让她看到独立、平等、捍卫。沃克用平实有力的笔触，发出了自己内心为所有被男权和种族歧视所压迫的黑人女性的呐喊，在故事的开始让人饱尝苦涩，在结尾将祥和与欢乐归还。西丽等到了妹妹与自己的孩子，94 封书信已写完，而沃克的声音却从未消散⋯⋯

她还给我讲撒哈拉的故事，让我看见三毛携着热浪和相机跑过许多

---

[1] 吉首大学首届"立人杯"读书征文大赛三等奖作品。

游牧民族的帐篷,看三毛开"中国菜馆",煮好了被荷西唤作"雨"的粉丝汤,然后在一旁笑得乐不可支;三毛买了美丽的玻璃珠串、廉价的戒指、奶粉和糖果……然后,她带着这些东西去拜访撒哈拉威人的打着补丁的帐篷……她说:"生命的过程,无论是阳春白雪,青菜豆腐,我都得尝尝是什么滋味,才不枉来走这么一遭!"于我之眼,三毛是一个很特立独行的女人,而幸福有时就是偏偏还有另一人爱她的特立独行。

而这份幸福,在荷西去世之后,便如同广袤无垠的沙漠上被风席卷过的脚印,消散不见。但荷西的话,却一直回响在读过他们故事的人心里。"我的愿望是拥有一栋小小的公寓,我外出赚钱,Echo 在家煮饭给我吃,这是我人生中最快乐的事。我是碰到你之后才想结婚的。我就是要你'你行你素',失去了你的作风,我何必娶你呢!"——我想去的地方你也一起,你赚的钱刚好够我要买的菜,我喜欢的样子你都有,你的样子我都喜欢。这就是荷西与三毛的爱情,令人感慨万千,亦动容不已。

尽管世界如此之大,可贵的巧合却依然存在。你又可知,我这个朋友,你们也拥有呢。

打你会识字时起她便陪伴着你,看你日渐成熟的笔迹,看你沉思时的神情,看你合上书之后的欣喜或叹息。

你与她相处,就像一日三餐一般,是不可或缺的平淡。但是每天经过你细细咀嚼,通过食道,最后咽在肚里的粮食,会随着你一点点长高长大变成你的每一寸骨骼、肉体和延伸到指尖的肌肤。你在她身上学到的,会浸入你大脑中的每一个细胞,转变为你的思想、行为、谈吐,伴随你整个人生。

她,就是阅读。

当你坐在明亮的教室里,手中是黑字白纸木浆的教科书,前人的智慧在你深深浅浅的目光里被映出了新的光亮。脸颊依旧泛着红晕的女老师为你读过一行,又浅笑着抬头与你分享起自己上学时的青春模样。

而阅读，从来不只在课堂。

你读张爱玲，惋惜曼桢与世钧的感情花开无果，却又体会到，爱情从来不会因为谁的眼泪而结束。你读海子，感叹英才早逝，却又向往着属于他消散在铁轨下的灵魂的春暖花开。你读林海音，怀念被旧时光斑驳的美好，却又明白最珍贵的，正是那斑驳的旧时光。

神奇如她，无穷的魅力妙不可言。而与她同行，她会告诉你悲伤时要推开另外一扇窗看窗外的落英缤纷，飘飘然时要回望自己来时的路。

与她同行，她会让你看见视野之外的风景，察觉到耳朵听不见的声音，以心感受这简单与复杂交错的世界。

同行，与她相伴，走过世间漫漫长路，行至更高更远的彼方……

# 在书香中品味深刻[①]

文学与新闻传播学院 2011 级　孙立青

人生就像徒步越野一样，有平原、沼泽、深海、险峰才会充满深刻和趣味，如果都是一马平川，总是会让人感到枯燥和乏味。

然而，日常生活中，并不是每一个人、每时每刻都可以获得深刻的经验。客观上，大多数人都生活在平凡之中，不会经历那么多的风吹浪打、动魄惊心，毕竟平凡和琐碎才是生活的底色。主观上，若让人们做出选择的话，多数人还是会选择平淡，拒绝深刻。因为，相比平淡，深刻意味着更多的费脑伤神。对于喜欢深刻却平凡的我而言，只能在淡淡的书香中，与大师对话，来品味深刻。

洪应明的《菜根谭》里面，处处体现着中和之美。在我眼里，中和之美就是要学会满足，懂得放弃，就是要明白张弛有度和过犹不及。人世间，好事和好处即使再多也是有限的，千万不要都贪图到自己的手里，因为好处都给你了，别人就无路可走了。

哲学家休谟在《人性论》系统地讨论了人性问题。它帮助我不断思考如何通过人性来解决社会问题。人性中有理性和兽性，想必，若像大禹治水一样，采用疏堵结合的方法，一方面发扬人的理性精神，另一方面顺应和控制好人的兽性，很可能最终达到解决社会问题、实现社会和谐的终极目的。

李泽厚先生的《美的历程》是一部中国美学史的扛鼎之作，阅读它，让我懂得了古老陶罐上那些图腾崇拜的痕迹和几何图案的演变，青铜器皿上言词的狞厉和书法艺术的开端。当我再次参观中国历史博

---

[①] 吉首大学首届"立人杯"读书征文大赛三等奖作品。

物馆时，仿佛每一个陶罐和钟鼎都张开了嘴，诉说着历史曾经的恢宏与斑驳。

西方文学的自由精神，总是给人以力量。在看到塞万提斯笔下的堂·吉诃德大战风车，歌德先生笔下的浮士德不断追求人生价值时，我的心里异常兴奋，似乎小小的书桌早已容不下我前行的脚步，多么想立刻出发，寻求生命的意义。韶华易逝，难道要等到白了少年头，遗憾终生吗？

周国平的《岁月与性情》让我看到了自己的影子，看到了另一个内心孤独的人。周国平先生的童年经历、对生活的看法、对自身价值的追求，解开了我的困惑，让我顿悟。可以说，对年少的我而言，周国平的哲理散文吹散了我前方的雾，使我看清了前行的路。

阅读季羡林先生的《牛棚杂记》《悼念忆》《红》等著作时，我不但被先生铅华洗尽后朴实淡雅的文风所深深吸引，更被他那种坦坦荡荡、毫不粉饰的人生信条所折服。我想这世上并没有几人能够像先生那样真实记录自己人生经历和所思所想。

晋永权在《红旗照相馆》里对1956到1959年的中国新闻摄影照片和新闻摄影理论思潮的真实展现，使我看到了一个摄影记者的责任感，让我深深感受到记者真实记录一切的重要性。

就这样，我在阅读的过程中，一次次与大师对话，领略名士风流，让自己的思维在学术和思考中沉浮，不断触及生命的深刻和痛感，不断改变和刻画自己的生存状态。

我时常想，对于一个天生愚钝的人来说，若能够常常在阅读中与大师对话，品味深刻，或许也能够生出几分仙风道骨。对大多数人来说，人生都不过百年，深刻、深度的阅读，或许就是一种延续生命、扩展深度的绝佳方式。

## 愿美景能与良辰同在[①]

——《额尔古纳河右岸》带来的震撼和启示

**商学院 2014 级　蒋诗涵**

"我来到河边洗衣，鱼儿偷走了我手上的戒指，把它戴到水底的石头上了。我来到山下拾柴，风儿吹落了我的头发，把它缠到青草上了。"悠悠的山风轻轻扬起，吹动了挂在蓝天上的白云；青青的嫩草渐渐滋长，养育出驯鹿的强壮；潺潺的流水缓缓而下，丰润着森林里的葱翠；熊熊的篝火慢慢燃烧，照亮了每个鄂温克人的笑脸……这一切构成了迟子建《额尔古纳河右岸》中最美好纯净也最简单的画面。

《额尔古纳河右岸》描述了东北地区的山林中鄂温克人的故事。他们在额尔古纳河的右岸生存繁衍，在寒冷和野兽的侵袭中完成生命的轮回和转换。"我"作为整个故事的叙述者未曾透露过姓名，以一个长者的姿态把九十年的风雨沧桑娓娓道来，用一个老者最平静温和的方式展示了一个民族近百年的兴衰传奇。

淳朴的鄂温克人一直生活在中俄边界，他们以打猎为生，有自己的乌力楞，他们随着驯鹿到处迁移，在阿吧河边把猎物交给信任的安达，由安达们带往外界帮他们换取枪支布匹和生活用品。他们信任萨满，当家里有人生病的时候，都会请求萨满跳神，从黄昏到天亮。他们也信奉偿还，换取一个人的平安就注定会带来一个人的消亡。所以妮浩萨满，以失去了好几个孩子为代价换取了其他人的健康。

直到日寇直逼营下，男子们被迫走出山林去受训，从此他们看到了外面的世界。新中国成立后，越来越多的人类活动使树木一棵棵倒下，驯鹿大量死亡，生活环境逐步遭到破坏，越来越多的人搬离了希楞柱，

---

[①] 吉首大学首届"立人杯"读书征文大赛三等奖作品。

去了城市。唯有"我"和安草儿仍在山中与星星月亮篝火为伴。

荡气回肠的故事，看完后只有沉默。曾经的森林不断地变成了沙地，无尽的砍伐、霸王土匪似的强取豪夺吓坏了当时的鄂温克人。我们无数次听到在这个时代中自然被人类逼迫到消退、甚至退无可退的救命遗音，可最终还是在物资面前无数次选择做一群失聪者。

现代需求把古老的文明压榨到无处藏身，逐步消减的森林一点点消耗殆尽，给世人留下可怕的尘埃。社会的发展带来了生活上无数的便捷，却夺走了我们最初认定的美丽——天工开物，鬼斧神工。时代的进步消耗了多少淳朴，又带走了多少壮阔，就像游牧和定居不可能两全却又那么难以取舍。

当山川河流、土地森林都以无法想象的速度被开发改造，当书中的人为了更好的教育和医疗离开了大山，告别静谧和清新，他们又会多么想念成群的麋鹿和眨眼的星星。萨满的跳神失去了黄昏的力量，取而代之的是先进的西方医学。最后的族长逝去，酋长也在与熊的斗争中去饮天上的水。随即鄂温克尔带来了翻天覆地的变化，就像累积已久的情感在平静的湖面上突然爆发，涌起了层层波澜。越来越多的人搬离了生养他的故乡。从此，再也难找到四木相对的地方进行风葬——睁眼就能看到星星，松鼠会抱着松子爬上来。鄂温克尔的变化又岂不是其他民族的缩影呢！我们不能再漠视环境的破坏，我们要勇敢地在这片片荒漠和污水中大胆出声。如果再不加以重视，我们毁掉的不仅是环境，还有我们自己。这是个最好的时代，我期待着，愿美景能与良辰同在，愿淳朴可与日月同辉。

我们用钟表看时间，他们却一辈子只看太阳和月亮的脸。雪和雨看老了他们，他们也把雨和雪看老了。额尔古纳河边的民族还在，千千万万个"我"也还在。只是不可逆转地改变了曾经的样子。车鸣代替了鸟语，炊烟代替了白云。老一辈都慢慢把民族的文化和故事带去了天上，留下的人还在山中和山下徘徊。可在那里，在额尔古纳河的右岸，如果还能有温暖的希楞柱，还能有染红天际的篝火，还能有挂着的靠老宝，还能有吃苔藓和蘑菇的麋鹿，那便是对鄂温克人最好的报答。

# 灯下草虫鸣[1]

文学与新闻传播学院 2014 级　刘　斌

夜半人初静，灯下草虫鸣。轻轻推开一扇书扉，与书里蕴藏着的灵魂促膝交谈，任思绪在书香里轻舞飞扬。

——题记

月，是曼妙的缪斯。书，是我心中的明月。

时常在深夜，点一盏明灯，对着窗外的月，低声吟诵手中的书卷，像对着一个远方的恋人暗道思念。夜气清如许，我白日里在阳光下浮躁的心在这一片空灵中渐渐沉静下来，自由得像一条鱼儿。

春夜，喜吟《诗经》。温暖如画，绿柳依依是我眼中的春天。鸧鹒喈喈、采蘩祁祁是《诗经》里的春天。关关雎鸠、采摘荇菜的女子手如柔荑，身姿荡漾在盈盈春水中，如翩翩惊鸿；溪水潺湲，蒹葭深处的可人儿让我辗转反侧，真想怀抱琴瑟为其吟哦于清风秀雨中。月出皓皎，我忧思难忘那于役塞北的萧郎。初遇时，你子衿青青，其人如玉。再见时，你在彼淇梁，之子无裳。

《诗经》里的人民朴实勤劳，执着深情，像平凡秀丽的野花，大把大把的开满我的春天。《本草纲目》云："根茎花实，凡品难同。清净济用，群英尊得。"每每吟咏至此，我不禁念起活在《诗经》里的人们。

夏夜，喜吟宋词。宋词洒脱烂漫，情感热烈而真挚，读宋词的感觉就像与江湖豪客把酒言欢，三杯热酒下肠，心里的愁闷都成过往。宋词是一面多棱镜，映着各个阶层的盛衰悲喜。琼林玉殿帝王家，朝喧弦管，暮列笙琶，是宋徽宗"人生长恨水长东"的悔恨；蓼花汀畔

---

[1] 吉首大学首届"立人杯"读书征文大赛三等奖作品。

烟水寨,义胆包天,忠肝盖地,是宋江"醉乡一夜白头"的潇洒;大俗大雅青楼梦,香囊暗解,罗带轻分,是秦观"伤心处,高城望断,灯火已黄昏"的痴迷。

宋人爱词如痴,心里的话儿都凝聚在笔端,泼墨挥洒一番后也终是"杨柳堆烟,帘幕无重数"般旖旎委婉,诉不尽心中的哀肠。这让我常常分不清历史里的人物和词里的人物哪个才最真实。作家韩少功说得妙:"远处海天相接,不知道是天染蓝了海,还是海融化了天。"

秋夜,喜吟元曲。月亮像个娴静的处子沉默在夜空中,眼睛的碧波里荡漾着一丝淡淡的哀愁。夜风褪去了夏夜的喧嚣,混合着丰腴的麦香盈满我的襟抱。元曲气度恢宏,情感喷涌,皆血泪所成。像秋夜的大提琴独奏。我读"古道西风瘦马,断肠人在天涯",一股浑厚苍凉之感立刻涌上我的心头;我读"伤心秦汉经行处。宫阙万间都做了土",帕子拭去的不仅是我的泪,还有对亡朝的悲叹;我读"四下里望旗杆人人得见,还要你六月里雪满阶前",任由热血在我的血管里惊涛骇浪。

一本元曲,两处情愫涌动,一处在风中,一处在梦怀。

冬夜,喜吟唐诗。窗外天寒地冻,纷飞大雪飘窗。偶尔有几片雪花从窗缝里旋转进来,在灯光下脉络分明,格外动人。唐诗傲骨嶙峋,壮丽洒脱,像漫天大雪,下的尽兴!最爱李太白"仰天大笑出门去,我辈岂是蓬蒿人"的狂傲,也爱他"天姥连天向天横,势拔五岳掩赤城"的瑰丽想象。我曾在冬日的一个下午,去拜谒了李白墓。大雪初歇,天地间一片萧然。这皑皑白雪下覆盖着中华一缕千年不散的诗魂,李白一生的喜怒哀乐、功名成败都长眠于此了!余光中赞咏李白:"酒入豪肠,分酿成了月光,有三分啸成剑气,口一吐,是半个盛唐。"而我要说:"唐朝诗歌弱水三千,我只取你一瓢。"

我童年的时候性格有些孤僻,是书给了我无限的陪伴,让我仿佛穿越了岁月的洪涛,拨开了历史的烟云,在《诗经》的春日里绽放,在宋词的柔波里招摇,在元曲的悲壮里奔驰,在唐诗的壮阔里豪饮。书干净得像枝间的白玉兰,洁白得似精美的白瓷,它永远那么温和地守候在我

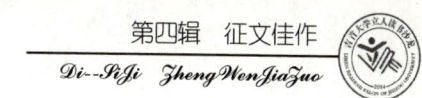

左右,给我与思想浑厚的人对话的契机,与自己内心安静的灵魂交流的空间。读书时候的我是快乐的、无忧无虑的。

年少读书往往为了打发时间或增加知识储备量,现在读书则更多地是为了追寻一种"以书为心,吾无间往矣"的圆融境界。时光是一把飞梭,将我牢牢地与书绑在一起,我的读书历程便是我的心路历程。

灯下吟书,情意益笃。在深夜读书,月、灯、人、书已亲密地融为一体,一种美好的默契绽放在空气中。

月下听蝉鸣声,灯下听翻书声,方不虚此生耳!

立人读书沙龙(2015年卷)

## 第五辑　沙龙回眸

　　创新重要，比创新更重要的是连接集成；专业重要，比专业更重要的是跨界超越；团队重要，比团队更重要的是个人素质；独立重要，比独立更重要的是自由并联；独创重要，比独创更重要的是互动开放。互联网时代是人的自由本质的一次复归。

——张建永

# 田茂军教授作客首期立人读书沙龙谈读书

为践行"文化立校"理念，助推"立人"素质教育，由我校素质教育中心与党委宣传部、社科处、图书馆、校团委、研究生处等部门共同主办的"立人"读书沙龙活动正式开启。2014年10月12日晚，首期以"读书漫谈"为主题的读书沙龙在我校新校区教职工活动中心301会议室举行，现场座无虚席。我校文学与新闻传播学院田茂军教授应邀担任主讲嘉宾。沙龙由党委宣传部胡建文副教授策划并主持。

田茂军教授指出在急功近利的当下时代，人们应用读书来修身养性。他概括性地介绍当代作家及其作品，引领学生品读当代经典作品，强调在读书过程中不要有功利心和浮躁之心，也不要一味地追求结果，而应去享受过程。田茂军教授幽默风趣的讲话风格赢得现场听众掌声连连，笑声不断。此次活动较以往不同的是，以"群言谈"方式开展，师生面对面交流，对同一问题进行共同探讨。讨论环节，现场氛围浓厚，师生积极发言展开讨论。

参加活动的有各学院的学生、部分老师及外界人士湘西本土女作家九妹、吉首市三小副校长彭永凤等文学爱好者。此次活动为学生提供一个分享读书经验、感悟和方法的平台，对读书中遇到的困惑与问题进行共同切磋探讨，增加读书兴趣，提高读书效果。

# 唐生周教授主讲"读《论语》,悟人生"

古人靠半部《论语》治天下,今人凭一部《论语》得智慧。《论语》到底是一部怎样的经典,为何具有如此恒久的魅力?2014年10月19日晚,主题为"读《论语》,悟人生"的吉首大学第二期"立人"读书沙龙在该校砂子坳校区老干活动中心三楼大会议室如期举行,全国优秀教师、吉首大学文学与新闻传播学院唐生周教授担任主讲嘉宾。

唐生周教授指出,《论语》内容丰富、语句精简、意蕴深厚,因时间久远,我们只有掌握其语境才能准确把握《论语》的精髓。他首先介绍《论语》的书名、篇章,及其社会地位和影响;最后重点讲述了他从《论语》中悟出的人生真谛。

唐生周教授分别从道德篇、交友篇、为学篇三个方面展开他读《论语》的感悟。《论语》不仅有"孝""忠恕""仁""刚"等道德方面的深刻阐述,还对交友、为学等进行了有益的指导,非常值得我们借鉴。讲解时,唐生周教授从古代谈到现代,并结合自己的生活体验,让人更容易理解《论语》中所蕴含的智慧。

# 孟娟教授传授快乐与幸福的秘诀

2014年10月24日晚,以"凝聚正向能量,享受快乐生活"为主题的吉首大学"立人"读书沙龙第三期在我校砂子坳校区老干活动中心三楼大会议室举行。该校心理健康教育指导中心副主任、心理学博士孟娟教授担任主讲嘉宾。

"笑过之后,我想起波兰诗人米沃什的一句话:'不管我曾遭受过什么样的苦难,我都忘了'。"在读书沙龙开始之前,主持人胡建文副教授讲述了一段用微笑治愈内心苦痛的真实经历,分享了自己获得正能量的重要方式——练习微笑,并带领现场读友们一起微笑着迎接孟娟教授开讲。

孟娟教授首先对本期读书会推荐的《正能量》一书作了介绍,对书中的核心原理——詹姆斯·兰格原理作了通俗易懂的解读,称它是一部充满实用意义的伟大著作。随后,孟娟教授用一个个与人们生活密切相关的经典案例,列举经济、艺术、家庭、人与人的茶话闲聊等方面的调查情况,剖析了人性本能中对正负情绪的选择及其对人们心理情绪的影响。孟娟教授幽默的话语、贴近生活的例子和亲切的笑容感染了大家,整个会场不时洋溢着大家的欢笑声。

# 品读"自然之子,心灵之师"沈从文

2014年11月2日晚,由校素质教育中心、党委宣传部、图书馆主办,校名著读书会承办的"立人"读书沙龙第四期在沈从文纪念馆举行,校工会副主席、沈从文研究专家吴恒忠老师应邀担任主讲嘉宾,带领与会读友一起品读"自然之子,心灵之师"沈从文。

吴恒忠老师曾沿着沈从文先生1934年回湘的路线,十数次在沅水上追寻先生的足迹,并著有《沈从文的那条河——〈湘行书简〉探秘》一书。

座谈会上,吴恒忠用"千万里我追寻着你"引出自己对沈从文先生的景仰。他认为,沈老的作品对湘西苗族文化作了很好的推介,写出了人性中最本真的一面,表达了对生命的爱和尊重。他说,沈从文所有的湘西悲喜故事和人生得失都与水有关,他对亲情、友情、爱情乃至对人、对生命、对人性的认识就是从水开始,而且与沅水密不可分;沈从文笔下的文字是灵动的,像水一样,水是有智慧的,有德性的,有灵性的,正因为沈从文对水的喜爱,才有这么多的精彩细腻的作品流传于世。他对沈从文的作品一一作了介绍,并特别指出《湘行书简》是沈从文先生不可忽视的重要作品。他用"沈从文是世界的"来概括沈老在世界文学史上的地位和影响。

在互动环节,每位师生轮流发言,或分享读沈老作品的心得,或谈及来到湘西的所见所闻,或向老师们提出问题。有读友表示:"我喜欢这里的山水,但我更喜欢沈从文笔下塑造的人性美。"

读书沙龙主持人胡建文老师作总结。他为大家讲述了沈从文离开湘西到北京后的求学、恋爱、成名、遇挫等人生故事，他认为，沈从文先生是一个自信、执着、乐观、淡泊名利且富有个性的人，既是享誉世界的文学大师，也是光辉的人生榜样。"枕着沱江的涛声/总是微笑的你/终于有了一个为历史静静流泪的夜晚"，他深情朗诵了自己所写的《在沈从文墓前》一诗的最后几句，表达了对沈老深深的爱和敬意。

最后，读友们手捧吴恒忠老师赠送的著作《沈从文的那条河》在沈老像旁合影留念。

# 覃新菊教授谈"话语的表达"

2014年11月9日晚，由我校素质教育中心、党委宣传部、图书馆联合主办的第五期"立人"读书沙龙在新校区老干活动中心三楼大会议室举行。

此次读书沙龙的主题为"'话语的表达'——兼论刘震云的茅盾文学奖获奖作品《一句顶一万句》"。主讲嘉宾文学与新闻传播学院覃新菊教授就"如何进行话语表达"这一主题，与前来参加读书沙龙的校内外近百名书友进行了分享。

著名作家刘震云的《一句顶一万句》于2011年荣获第八届茅盾文学奖。这是一本关于孤独体验的小说，也是一部关于话语表达的艺术。它告诉我们，存对心，说对话，一句知心的话胜过一万句闲言碎语。

覃新菊教授首先对书名的含义作了诠释。然后，她从孤独的说话、说话的思考、话语表达的文化分析三个方面作了详细讲解。她说，此书的主旨是"孤独"，孤独是人类永恒的话题，是人类的宿命。覃新菊教授还从亲情、爱情、友情等方面举例说明了"说话"的重要性。最后，覃新菊教授建议大家要学会选择，在礼貌与趣味的前提下，修饰我们的说话。

# 陈伟博士解读《一个孤独漫步者的遐想》

2014年11月23日晚，学报编辑陈伟博士做客第六期"立人"读书沙龙，与现场师生一起分享"读卢梭《一个孤独散步者的遐想》"。活动由胡建文副教授主持。

陈伟博士用两个富有情趣的小故事进入主题。他指出，卢梭的思想对中国近代产生深远影响，许多知名人士都受其影响，自己也深受其影响。陈伟博士结合自身的阅读感受分别从"真诚的总结""流浪赤子""自然与浪漫""脸与背""言说或保持沉默"五个方面展开他对此书的感悟。他认为《一个孤独散步者的遐想》是一本个人传记，也是一本散文集，更是思想著作，在"流浪梦"的影响下，卢梭虽一生到处流浪，但卢梭的精神流浪却别有意味。他还认真分析了卢梭崇尚自然之美的缘由，并用"脸与背"形象地说明书中卢梭对自己与社会打交道的回想与反思。关于文本的文体风格，陈伟博士用文本中的经典话语和名人的点评进行了详细解读。

胡建文老师作总结，感谢陈伟博士给大家带来一场"书的盛宴，思想的洗礼"，他用"读好书、交好友、找好老师"鼓励大家多多读书，并祝大家读书快乐。

# 简功友博士畅谈"诗意的生活"

2014年11月30日晚,由我校素质教育中心、党委宣传部、团委、图书馆、研究生处联合主办,"双百工程"名著读书会承办的"立人"读书沙龙第七期在总理楼四楼研究生学术沙龙室举行。

此次读书沙龙的主题为"诗意的生活——读梭罗的《瓦尔登湖》",外国语学院简功友副教授担任主讲嘉宾,素质教育中心李超主任应邀出席。简功友副教授首先介绍了推荐此书的理由。随后,他从书的主题、作者、文本风格、文本精彩片段等方面对书进行了详细讲解。他指出,在当今社会,人们过于忙碌、浮躁,静不下心来享受生活,而生命本有限。他建议大家静下心来,简单生活,高尚思考。他通过联系实际,并引用书中的话"自然是一种精神的象征"来阐释该书主题:简单,再简单。

简功友副教授采用英文PPT进行讲解,并用流利的英文朗诵了书中的精彩句子和段落,现场掌声不断。

## 戴林富研究员指导"读书与做人"

2014年12月7日,主题为"读书与做人"的第八期"立人"读书沙龙在总理楼四楼研究生学术沙龙室举行。党委宣传部部长戴林富研究员担任主讲嘉宾。党委宣传部副部长李洪雄应邀出席。活动由校党委宣传部胡建文副教授主持。

戴林富从"为何读书""读什么书""如何读书""做什么人"四个方面展开讲座。他在谈"为何读书"时指出,我们的读书观会受到世俗观点的影响,应树立正确的读书观;关于"读什么书",他提倡要为专业、为做人而读,并强调要多读点"无用用",让其帮助自己开阔视野、增长见识,陶冶情操;谈及"如何读书"时,他指出要培养读书爱好、带着问题去读和批判性去读;在谈及"做什么人"时,他指出要做一个有良知、有社会责任感、受社会欢迎的人。他用"多读书、善读书、学做人、做好人"十二字结束讲座。

在互动环节,校内师生、校外人士纷纷发言,或谈读书与做人的感受,或就心中的疑问发问。会场气氛热烈,讨论声不断,掌声迭起。

# 张建永教授谈"如何跟上互联网时代的节奏"

2014年12月13日晚,主题为"你跟上互联网时代的节奏了吗"的第九期"立人"读书沙龙在砂子坳校区总理楼四楼研究生学术沙龙室举行。本期读书沙龙由我校原党委副书记、正校级督导张建永教授担任主讲嘉宾,学工部部长周华忠、文学院党总支副书记向军出席活动。

主持人胡建文副教授向大家隆重介绍了张建永教授及他所取得的成就,并对他表示热烈欢迎。张建永教授幽默风趣地回应:"一个人如果相信别人对他的赞歌,那就离完蛋不远了。"讲座在笑声中开始。

张建永教授首先推荐了《逻辑思维》这个目前影响力最大的互联网知识社群,然后以鲁迅对生物进化论的怀疑、张家界和湘西州在对待文化产业上的差别,以及柯达、摩托罗拉、诺基亚败给苹果的事例来分别说明观念比年纪更重要、观念比智慧更重要、观念比管理更重要,并以此观点引出正文。

讲座内容分为移动互联网的颠覆性、移动互联网的认知方式、移动互联网思维的精神本质三部分。在谈及移动互联网的颠覆性时,张建永教授指出,互联网颠覆了人和人的关系、人和物的关系、人和信息的关系,这三种颠覆,改变了我们的生存方式、生活方式、发展方式,促使我们的思维发生革命。在讲到移动互联网思维的认知方式时他说:"创新重要,比创新更重要的是连接集成;专业重要,比专业更重要的是跨界超越;团队重要,比团队更重要的是个人素质;独立重要,比独立更重要的是自由并联;独创重要,比独创更重要的是互动开放。"最后,他指出:"互联网时代是人的自由本质的一次复归。"

在互动环节"与名师对话"开始前,主持人给大家念了张建永教授

20年前的一位学生的一条短信和文学院2012级学生瞿愉寒的亲笔信，他们为不能来参加张教授的讲座深表遗憾。两个多小时的读书沙龙，一半时间用于互动，书友们就网络、宣传、信息、文化等方面与张建永教授进行了深入交流。张建永教授指出："要跟上时代，不断学习，与世界同步。"现场气氛热烈，掌声不断。

读书沙龙接近尾声时，主持人提出倡议："2015年，我们继续一起读书！"大家以热烈的掌声进行回应。

# "立人"读书沙龙走进黄永玉艺术博物馆

春暖花开好读书。3月15日下午,由学校素质教育中心、宣传部、图书馆、团委、研究生处共同主办,学校"双百工程"名著读书会承办的以"走进黄永玉博物馆"为主题2015年首期"立人"读书沙龙在黄永玉博物馆隆重举行。湘西州政协文教卫体委员会副主任何煜应邀莅临,部分校内外书友参与了此次活动。读书沙龙在文学院2014学生张欣的读书宣言《读书,让生活成诗》中正式拉开帷幕。

书友们在讲解员的带领下参观了黄永玉艺术博物馆,详细了解了黄永玉先生的传奇人生和艺术成就。随后,大家在博物馆内进行座谈,分享寒假读书心得。

何煜展示了他精心创作的书法作品《沁园春·雪》,并激情澎湃地朗诵了这首词。他还结合自己的求学经历,畅谈了读书心得。他说,"立人"读书沙龙非常有意义,同学们应该在读书中成长,在读书中进步。

接着,大家踊跃发言,分享了寒假阅读《红楼梦》《平凡的世界》等经典著作的收获和感悟。校外人士张富英感慨道,这次读友们的畅谈让正面临困惑的她瞬间豁然开朗。她建议同学们扎实学好专业知识,珍惜大学时光,读书不能为了读书而读书,而应该在读书中思考,思考自己的人生。

主持人胡建文副教授介绍了湖南著名作家阎真的长篇新作《活着之上》和著名草根诗人余秀华的诗集《月光照在左手上》《摇摇晃晃的人间》,并现场朗诵了余秀华的一首诗——《我的小狗叫小巫》。他说,人不能仅仅为了活着而活着,还应该追求一点"活着之上"的东西。

第五辑 沙龙回眸

当读书沙龙接近尾声时,大家仍意犹未尽。2012级宁姣娣同学接受采访时说:"这个活动让她了解别人所读的书目和读书心得,也更激励着她自己去好好读书。"

# 胡炳章教授谈"民族历史的文学叙事"

2015年3月29日晚，以"民族历史的文学叙事"为主题的2015年第二期（总第十一期）"立人"读书沙龙在砂子坳校区总理楼研究生学术沙龙室举行。文学与新闻传播学院胡炳章教授、校报社社长张景龙研究员担任主讲嘉宾，校党委宣传部副部长李洪雄出席。沙龙由党委宣传部胡建文副教授主持。本期读书沙龙在文学院2014级学生张欣的《书韵，美好成长》读书宣言中拉开帷幕。

胡炳章首先对土家族的由来、历史作了简要介绍。随后，他从文学价值角度对张景龙研究员的长篇小说《湘西土司王》进行了详细解读。他指出，《湘西土司王》是一本将历史纳入文学叙事的长篇小说，讲述的是湘西土家族的历史，并且是第一本讲述这段历史的长篇小说。但小说毕竟不是历史，由于小说素材的多元，既有史实，又有传说，还有相当一部分来自作者的虚构，张景龙先生的突出之处在于他能妥善处理民间智慧与历史精神的关系，并独出心裁地创造出一个具有巨大包容力的艺术空间。同时，小说还成功地将被神话的湘西土司神逐下神坛，在还原其人性的基础上，还原了历史的真实。

胡建文对《湘西土司王》作者张景龙研究员进行了现场采访，张景龙与书友们分享了自己的文学创作经历。在谈及《湘西土司王》一书的创作时，他从小说选题、人物塑造和对素材的处理等方面进行了详细介绍。张景龙表示，他对湘西故土有着深厚的感情，今后还将创作一系列湘西题材的长篇小说。

在互动环节，曾艳等同学谈了自己阅读《湘西土司王》的感受。胡炳章、张景龙对书友们的提问作了解答，并为在互动环节表现出色的袁宏宇、陈维嘉两位同学颁发了奖品——湘西州文教卫体委员会副主任、湖南省直机关书法家协会会员何煜赠送的书法作品《志存高远》《中国梦》。

# 罗康隆教授谈"文化的变迁"

2015年4月12日晚,我校及中山大学博士生导师、湖北"楚天学者"罗康隆教授走进本学期第三期"立人"读书沙龙,为读书爱好者推荐人类学经典著作《文化变迁论》,谈文化的变迁。我校民族学与人类学研究所教授、博士生导师杨庭硕,学报编辑部陈伟博士,湘西州政协文教卫体副主任何煜博士,团结报社记者欧阳文章,湘西著名女作家九妹及多名校内外书友齐聚总理楼研究生沙龙室一起读书。沙龙由胡建文副教授主持。

罗康隆教授为书友推荐了美国人类学家斯图尔德的《文化变迁论》(谭卫华、罗康隆翻译,杨庭硕校译)。罗康隆从为何选择翻译这本书入手,从西方社会20世纪50年的社会背景解读了该书的形成过程,深刻阐述了该书的问世与文化生态学的形成,并以该书所涉及的田野调查分析了生态人类学的学科特点。他以书中丰富的文本内容为依据,梳理了人类学对人与环境的认识过程,指出了人类学的古典进化论、结构功能主义、文化传播学派、文化相对主义等学术流派对人与环境的关注,并对这些流派存在的问题展开了系统的分析说明。罗康隆教授就该书的社会文化整合层——核心家庭、民俗社会与国家的整合方式来分析了文化变迁的方式,认为文化变迁乃是文化的传播、汰选、吸纳、整合的过程。他充分肯定了该书的价值,同时也辩证地提出不足之处。

在"与名师对话"环节,书友们就哲学、人类学、生态学等学科方向提出了不同的问题,罗教授一一细致解答,迎来了在座书友们的阵阵掌声。在这样的互动交流的过程中,大家都认为是一次很难得的学习机会和交流机会,表示受益匪浅。

杨庭硕教授在总结中指出生态人类学的重要性。他说，这与党的十七大、十八大中生态文明建设的政策非常契合，希望大家多读这方面的论著，参与到生态文明建设的行列中来。

# 余秀华、刘年"穿过大半个中国"来湘西

2014年底,当《穿过大半个中国去睡你》这首诗红遍大半个中国的时候,作者余秀华也"穿越"了。这个湖北钟祥的地道农妇,在中国人民大学、北京大学开讲座,被"鲁豫有约""锵锵三人行"请去做嘉宾,《人民日报》和《南方周末》也对她作了专题报道。

2015年4月18日,余秀华应邀来到湘西,来到吉首大学,第一次向外界详细解答了自己的诗歌被发现的经历。

为什么来湘西?"因为这是刘年的故乡。"

刘年,本名刘代福,比余秀华长两岁,是从湘西永顺走出去的"北漂"诗人。任《诗刊》编辑的他,是发现余秀华的伯乐。

4月18日,吉首大学"立人"大讲堂,主题是"苦难中的诗意",余秀华、刘年同坐台上,因出生时缺氧造成脑瘫,说话困难的余秀华讲得极少,说的多与刘年有关。

余秀华说:"我是另一个刘年,刘年就是另一个我。"

余秀华说,感谢刘年帮她发表诗歌,让她成名,更感谢刘年让她真正懂得了诗歌,并说她从刘年身上学到了许多。

余秀华还说,刘年是在全力以赴地写诗。身为残疾人,自己只是全力以赴地活着,在生活的夹缝里顽强地坚持写诗。幸运的是,自己还活着,还能活很久,还有机会写出更好的诗歌。

18日晚,吉首大学"立人"读书沙龙,盛宴飨读者,解读余秀华的诗歌,以及余秀华的诗歌天才如何被发现是两道主菜。

2014年8月，刘年无意间在余秀华的博客上发现了她的诗。还没有联系上作者，刘年便迫不及待把余秀华的诗填了稿签，并对二审编辑说，这是他看到的七零后女诗人中写得最好的之一。二审三审很快就通过了。紧接着，余秀华加了刘年的QQ。刘年直截了当告诉她，"你准备好红吧。"然而在杂志出来后，余秀华并没有红。

真正红起来是在2014年12月，《诗刊》编辑部主任谢建平认为，余秀华这样一个写诗者很不容易，于是策划了以余秀华为主的五个写作者的"日常生活，惊心动魄"朗诵会。期间，各大媒体开始密集关注，名人纷纷介入，沈浩波、沈睿、臧棣各自发表自己的看法，迅速形成了一个事件。

于是，余秀华真的红了。余秀华的诗歌，开始在微信朋友圈疯狂转发。继而，多家出版社通过刘年找到余秀华，表示要出版她的书。其诗集《摇摇晃晃的人间》和《月光照在左手上》一周之内即由湖南文艺出版社和广西师范大学出版社隆重推出，上市几天便卖断货，创造了诗歌出版史上的奇迹。

各种采访和活动纷至沓来，余秀华的档期已经安排到5月以后。忙不过来的余秀华推掉了很多活动，包括央视的一档节目，但来湘西，她却义不容辞，也很开心。不过她还是缺席了4月19日的湖畔吟诗活动，即刘年、余秀华诗歌朗诵会和刘年诗歌研讨会。

虽然下着雨，风雨湖畔的诗歌朗诵会却依旧盛况空前。但余秀华的缺席，还是让大家感到有些遗憾。

4月18日晚，刚参加完"立人"读书沙龙的余秀华接到父亲的电话，得知母亲病重，肺癌晚期。悲痛至极的她一夜没有合眼，第二天一早就匆匆赶回了湖北。

"灯火辉煌，真不相信我的天塌了。"余秀华说。对于没能参加完活动，余秀华一遍一遍对读书会指导老师胡建文表达歉意："唉，活动没搞好，对不起你啊！"

4月20日，参加完活动回到北京的刘年为余秀华写了一首诗：

在吉首大学别余秀华

逃到湘西，依然被命运找到了
这个孔武有力的男人，揪着她头发，像在拔一棵稗子

稗子，是野生的草本植物，很容易分辨
它高于江汉平原上所有的秧苗

她向湖北而去，雨从湖北过来
天边传来的雷声，像后脑磕在墙上的轻响

# 吴晓博士漫谈乡土中国之传统与现代

2015年4月26日晚,由我校素质教育中心、宣传部、图书馆、研究生处联合主办的第五期"立人"读书沙龙在砂子坳校区总理楼研究生学术沙龙室举行。我院吴晓博士担任主讲嘉宾,漫谈费孝通先生的《乡土中国》中的传统与现代。校工会副主席吴恒忠、文学院党总支书记田茂军及湘西本土诗人黄摩崖等出席本次读书沙龙。胡建文老师担任主持。

得知著名诗人汪国真先生的离世,讲座开始之前,胡建文教授带领大家一起朗诵了汪国真的《热爱生命》一诗来悼念他。然后,由我院12级中师二班邱俊宁同学发表读书感言。随后,胡建文对吴晓博士及本次读书会主题作了简单介绍。

吴晓向大家简单介绍了《乡土中国》一书中14篇讲义的内容,重点向大家讲述了《乡土本色》《文字下乡》以及《从欲望到需要》等篇章的内容,谈到书中乡土性特征、权力运行、现代发展欲望与需求等对传统文化的影响,他指出,从专业角度来看,这本书为社会学奠定了差序格局的概念,而从非专业的角度来看,它突破了呆板的模式,其散文性跨越了学科界限。

对于如何读这本书,吴晓博士建议要了解社会,有意识地去除一种关系及熟人社会理念,要在当下看传统,用横向性给个人适当定位,同时可结合当代新出类似文本看乡土文化。

在互动环节,田茂军与在场书友分享读书感言。他提出"不要以为乡土在农村就没有文化"的观点，列举俗语"三年易考文武举，十年难出田秀才"来呼吁大家不要小瞧乡土文化，要用社会学的眼光去真正地发现农村里的乡土知识。黄摩崖与大家一同反思了近现代过于学习西方模式而产生的种种社会弊端。随后，同学们也积极提问，与吴晓博士进行深入交流。

讲座结束，吴晓博士和大家合影留念。

# 历史是一条河——沈从文《湘行散记》解读

2015年5月10日晚，总第15期"立人"读书沙龙在总理楼四楼研究生沙龙室如期举行。本期主题为"历史是一条河——沈从文《湘行散记》解读"，吸引了校内外一大批读书爱好者参加。

### 向成国教授：历史是一条河

本期读书沙龙的主讲嘉宾是原沈从文研究所所长向成国教授。向教授白发苍苍，却精神矍铄，眼中闪烁着睿智的光芒。他说，《湘行散记》是一条情感之河，也是一条生命之河和文化之河。

《湘行散记》是沈从文的情感之河。沈从文的情感有两个高峰，一个是三十年代和张兆和结婚后，一个是新中国成立之后。丰富的情感中包含作为丈夫对妻子的爱、作为孝子对母亲的爱、作为游子对故乡的忧患、作为乡下人对民生疾苦的同情。

《湘行散记》是一条生命之河。向成国教授以"如虎雏一般的强悍悲剧人物"和"衰落的失了灵魂的悲剧人物"为例，结合湘西的民俗风情，具体阐释了其中体现的人民生活的苦难和民族生命的艰难，充分肯定了人物本质的善良和内心深处的人性。他强调，不能充分体现人性的作品不是好作品。

《湘行散记》是一条中华文化之河。向成国教授从虚实两方面分析了书中所描写的湘西文化，从虚的方面看，沅水是湘西发展的趋势之河，其中的人物虽然是悲剧式的，却一直在改变历史。从实的方面看，书中又具体解释了很多种文化现象，体现了孝文化和义文化的本性。

向教授还从叙事者的中心化、时空的转换、写境与造境的统一、文体的游移与杂糅等五个方面描述《湘行散记》的叙事特点。

## 互动环节，精彩纷呈

参加本期读书沙龙的书友既有原副校长张永康教授、校团委书记王艳博士、社科处副处长吴晓博士、文学与新闻传播学院新媒体系主任林铁博士领衔的数十名来自新老校区和吉大师院的师生，还有湘西州烟草局纪检书记向艳女士、湘西州作家协会副主席黄青松先生、湘西州委统战部向水生先生、湘西州政府采购办张晓锐先生，以及辰溪兵工厂原宣传部长、作家石峰先生，湘西州青年作家、《头颅中国》作者黄摩崖先生，湘西坊董事长、边城爱心协会会长杨胜先生，《团结报》社编辑龙野先生、记者欧阳仕君先生、湘西一公斤公益机构周瑾慧女士、吉首市第三小学副校长彭永凤女士等一大批来自湘西州社会各界的书友。大家济济一堂，好不热闹。

向成国教授是资深的沈从文研究专家，解读《湘行散记》，自然全面而又深刻。而随后的互动环节，更是精彩纷呈。湘西州委统战部向水生问到沈从文的"婚外情"及沈从文后半生放弃文学创作的原因。向成国教授详细讲述了沈从文和几个女子之间美丽纯洁的感情。他说，在云南昆期间，高青子虽然非常仰慕沈从文，沈从文也喜欢她的美，可是沈从文坚守着自己对爱情的底线。沈从文作为作家有"爱美"的心灵本态，但他绝不会越过底线。他和张兆和的关系非常坚固，沈从文追求张兆和三年，最终胡适促成新人圆满。向成国教授的回答睿智诙谐，现场书友听得聚精会神。关于后来沈从文为何不搞文学创作，向教授说，因为沈从文从小对文物有特殊的爱好，而且他当时有一种"我写的你们不要，你们要的我写不出"的心态。后来沈从文进行文物研究，坚持"人弃我取"的原则，他的研究成果填补了很多项国家空白。

茶文化爱好者凤凰慧子问到沈从文作品与水的关系及怎样更好地把湘西的茶文化传播出去的问题。向成国教授说："沈从文写的一切故事都是水边的故事，建议你读一下沈从文的《我的写作与水的关系》，你的问题就会迎刃而解。至于湘西茶文化的传播，那就由我们研究出了'三带'理论的张永康教授回答吧。"张永康教授在阵阵掌声中站起来，用"三带"理论，即"微生物发酵带、土壤中的富硒带、植物群落里的亚麻酸带"解释了湘西的茶与湘西独特的自然环境的关系。主持人即兴

创作的一段广告词:"你想变得更美吗,请喝美丽湘西富硒茶!"引来书友们一阵开怀的笑声,现场气氛十分热烈。

**文化没有围墙,读书沙龙影响由校内扩大到校外**

原副校长张永康教授非常关注"立人"读书沙龙,他充分肯定了这个活动。他认为,当今信息时代有很多种获取信息的方式,这个活动传递了读书的正能量,非常有利于引导同学们读书。"沙龙"这种老师和学生互动的形式对上课也很有借鉴意义。上课是"教"与"学"的关系,主要是传道授业解惑,在交流的过程中,可以接纳更多多元化的观点。

校团委书记王艳说,这个活动氛围很好,大学需要有这样的活动来充实生活。

文学与新闻传播学院学生杜玉娇认为,读书沙龙可以让眼界得到开拓,了解未知的世界。她从中听到了对许多文化的新解,拓宽了思维方式,对她在写作上的帮助很大。

湘西州作家协会副主席黄青松称赞道,这个活动搞得非常好,让我们看到还有这么多老师和学生在关心学术。

"吉首大学作为湘西州的最高学府,活动应该更加面向社会。我第一次参加读书沙龙时听众主要是学生,第二次和第三次就增加了很多校外人士了,这说明活动的影响力扩大了,读书沙龙有更广泛的受众群体是好的。"青年作家黄摩崖如是说。

茶文化爱好者凤凰慧子说,我们在工作的忙碌中能抽出一两个小时参加这个活动是让心灵静下来的好方法,这个活动让这座城市显得别有涵养。大学,是一片学术之海,宁静地润泽你、我、他的心田,一座城市,因"学"而涌动着生生不息的智慧。

"立人"读书沙龙主持人胡建文副教授表示:"文化是没有围墙的,立人读书沙龙是一个以自愿参与为原则的开放式的读书交流平台。希望我们的努力能为营造吉首大学乃至整个湘西的读书氛围起到一定的积极作用。"

# 刘泰然带书友们走进"美的历程"

2015年5月17日晚,刘泰然博士主讲《美的历程》。他认为,作者李泽厚是寥落晨星中的一颗,李泽厚的敏感多情造就了他作品的温柔细腻。他说,这本书是熔铸传统与现代的美丽畛域。

刘泰然从全书结构、风貌、内容三个方面进行细致讲解。他说,美的历程是中国文明发展的顺序,读这本书能触摸到文明古国心灵的历史。他以青铜饕餮和汉代艺术为例,结合图片分析了饕餮纹中所体现的威力、狞厉之美,陶俑夸张姿势下的气势、力量之美;以屈原、陶潜、苏轼等人的经典诗句为例,分析了全书视野宏阔、思想精深、感悟遥深、文采风流的风貌。

刘泰然博士还从整体性的文化感知、个体性的文化感悟、历史化的人文关照、必要的历史温情四个方面分享了自己的读书心得。

## 张建永教授谈"沈从文与丁玲的恩怨"

5月24日晚,学术沙龙室内座无虚席,张建永教授主讲"沈从文与丁玲的恩怨——现代文学史上最遗憾的一对矛盾。"他举手投足从容大气,言语谈吐睿智幽默。曲折的故事、大气磅礴的讲解仿佛演绎一场精彩的话剧。

张建永从"最美丽的绽放""最不可思议的反目"这两个方面讲述了沈从文、丁玲、胡也频从求学时成为朋友,热情高涨地创办刊物,追求革命信仰,到胡也频入狱沈从文仗义相救,后因复杂的情感纠葛和政治态度的不同导致沈从文与丁玲产生隔阂的故事。

张建永从两个人的故事中总结道,人不能离开基本的道德观念,滴水之恩当涌泉相报。个人受了委屈要自己找原因,不能发泄在比你弱小的人身上,要按人类大道来行走,哪怕贡献微乎其微,也要成为一个顶天立地的人。

# 刘仁贵博士解密"人生何以安顿"

6月7日晚,"立人"读书沙龙如期相约,活动在马克思主义学院李海娇同学深情朗读《写给"立人"读书沙龙的情书》中拉开帷幕。

副研究员刘仁贵博士走到书友中间,与书友们进行了一场精神的"对话"。刘仁贵提出"人生、意义、安顿"三个关键词,从人生为何需要安顿、人生何处安顿、人生意义的显现、人生如何安顿四个方面进行详细阐释,并分别对每个方面深入分析。他指出,要将个人意义融入整体意义中去,树立目标,制订计划,通过行动努力实现目标。

州政协文教卫体委员会副主任何煜博士对此做了精彩点评。他认为,人生应该在坚定信仰中安顿,在坚守道德中安顿,在坚实的脚步中安顿,并为参与互动的学生赠送了他精心创作的书法作品。

## 赵敏教授讲述"中国经学传统"

6月14日晚,"立人"读书沙龙暨真人图书馆活动在砂子坳校区研究生学术沙龙室举行。副校长赵敏教授带来一场主题为"中国经学传统"的国学盛宴。

赵敏教授紧紧围绕经是官书、经是权威性文献、经是圣人之作、经之道与教、经书的种类、经学传统,以及诵经、讲经、注经、道统与治统(明道、征圣、宗经)、经学的分期、实事求是、六经皆史等方面展开讲述。他指出,华夏的核心价值观念、思维方式是通过经典的学习代代相传的,因而经学的历史实际是价值信仰与意义诠释的历史。他以词作《点绛唇·读经》结尾,他说:"六经根魂,立德且立人,六经晓天人。"

尹砥廷教授对此进行了点评,他为赵敏教授渊博的学识和低调、严谨、务实做学问的态度点赞,并评价道,讲座紧紧围绕"文以化人"展开,其中对儒学经典的价值评价得当,定位准确。

# 著名诗评家谭五昌教授、诗人刘大兴先生走进我校

2015年10月10日到11日，北京师范大学中国新诗研究中心主任谭五昌教授、湘西本土著名诗人刘大兴莅临我校参加西楚地文学课堂、湖畔吟诗、"立人"大讲堂、"立人"读书沙龙等活动，带来一场诗歌的盛宴；同时，也在我校乃至湘西掀起了一场诗歌的风暴，吸引了来自校内外的数百名书友。诗歌让老师们想到了激情燃烧的岁月，让书友们回到了恰同学少年的峥嵘岁月，让学生们的青春增添了一抹绚烂的颜色。

### 西楚地文学课堂：新诗创作漫谈

10月10日晚，谭五昌教授走进西楚地文学课堂，给爱好诗歌的同学们讲解如何创作新诗。总理楼研究生学术沙龙内座无虚席，众多2015级新生也被诗歌吸引到了这里。

谭五昌教授现任北京师范大学中国当代新诗研究中心主任、教授，国际汉语诗歌协会秘书长，兼任贵州民族大学客座教授、贵州大学旅游文化诗歌创作与研究中心名誉主席。

谭五昌教授说，在同学们身上，他看到了一种热情，一种对诗歌的热爱，他详细地讲解了写好诗歌需要注意哪些方面。他说，诗歌就是要解决写什么、怎么写的问题，大学生应该善于观察自己的生活，大学生活就是很好的创作主题。他强调，写好诗歌要有感受力，不能为了写诗而写诗，而要表达对生活的感受，要善于寻找新鲜的题材，并运用自己熟悉的题材进行写作。他以艾青的《乞丐》为例，"乞丐用固执的眼，凝视着你，看你在吃任何食物和你用指甲剔牙齿的样子。"对这句诗进行了赏析和解读，精准的用词、富有感染力的语言，把同学们带进了诗歌的殿堂。

中国是诗歌的国度,有了《诗经》《楚辞》之后,诗歌便源远流长,他说:"语言是一门艺术,好的小说家的语言是富有诗意的。"他认为,在文体多样化的今天,诗歌并没有被边缘化;相反,这个社会更需要诗歌,诗歌传播的速度比散文更快,表达的情感更直接,文坛上涌现出一大批优秀的诗人,如艾青、北岛等,下一个诺贝尔文学奖很可能在诗歌界产生。他希望能在同学们心中播下诗歌的种子,希望我校能涌现更多优秀的青年诗人。

**湖畔吟诗:走进刘大兴的精神花园**

10月11日上午,风雨湖畔聚集了数百位诗歌爱好者,刘大兴诗歌朗诵会在这里举行。朗诵会上,来自湘西州内外的诗友们纷纷动情地朗诵了刘大兴先生的诗歌。同学们还借此机会进行了刘大兴诗歌朗诵比赛。

刘大兴写诗30年,在中外诗歌报刊发表作品1800余篇,著有诗歌集《爱情宗教》、散文集《子弹穿过胸膛》。

朗诵会上,老师们、书友们焕发了青春的活力,仿佛在诗歌中又回到了自己的青年时代。吉首大学覃新菊教授、"飞扬101"节目主持人苏曼、湘西州文教卫委员会副主任何煜等分别朗诵了刘大兴的诗,或清丽或哀婉。"微湘西"微信平台负责人杨胜流着泪朗诵《想你 那么痛》,台下观众受到他的感染,有的也流下泪来。"让时间慢下来,所有的一切我都可以等。"名著读书会、西楚地文学社指导老师胡建文副教授声情并茂地朗诵《让时间慢下来》,赢得台下阵阵掌声。

下午,艳阳高照,可是依然阻挡不住同学们对诗歌的热情。下午两点钟左右,湖畔又聚集了很多读诗的同学,诗歌朗诵比赛也就此拉开帷幕。有的同学朗诵甜美轻快的《花是春天的耳朵》,有的朗诵清丽哀婉的《直到五月桐华落尽》,有的同学甚至把刘大兴的诗歌背了下来。

湖南省诗歌学会会长梁尔源说:"人生在世,要有一个灵魂,这个灵魂就是诗歌。"湖畔吟诗活动把学校的文学氛围充分调动了起来,让学生拥有健康向上的心理和爱国爱家的情操。

谭五昌说："诗人刘大兴虽然已过知天命之年，却一直保持着对诗歌的热爱，为抒发内心而写诗，是一位真正的诗人。"他评价道，刘大兴的诗歌饱含着对湘西土地的爱，对自然的爱，对人类的爱。

### "立人"大讲堂：百年中国新诗的光荣与梦想

10月11日下午，谭五昌做客"立人"大讲堂，主讲"百年中国新诗的光荣与梦想"。谭五昌教授从诗歌的作用开讲，以汶川地震、美国"9·11"事件时诗歌抚慰了民众的心灵为例，突出了诗歌的重要性。

接着，谭五昌从六个方面进行讲述，他以刘半农的《落叶》、艾青的《大堰河，我的保姆》、西川的《在哈尔盖仰望星空》等为例，解读新诗在语言形式上的新颖、自由与独特韵味；以康白情的《和平的春里》、杜运燮的《追物价的人》、于坚的《尚义街六号》、郑小琼的"打工诗歌"等为例，说明新诗在题材内容表现层面的无限广阔与丰富，体现了特色鲜明的平民主义；用古典诗歌和新诗进行对比，说明古典诗歌在题材方面较为狭窄化，审美趣味贵族化，新诗却呈现越来越鲜明的平民化、大众化的审美取向；以抒情、叙事、戏剧性、象征、口语写作、书面语写作说明新诗在表现手法与技巧层面的探索无限丰富，审美风格多姿多彩；以穆旦、夏宇、顾城、海子、阿库乌雾等诗人的现代爱情诗为例，说明新诗对现代性经验的全方位的艺术呈现；以冯至、郑敏、卞之琳、北岛、欧阳江河、王家新、罗门等为例，说明新诗在哲理性与思想性方面的成就突出；以艾青、北岛、洛夫、余光中、舒婷、翟永明、吉狄马加等杰出诗人为例，说明近百年来新诗坛涌现出的一大批杰出的具有国际影响的现代汉语诗人。

总结时，谭教授感言，希望同学们通过读新诗、理解诗人的写作来提升自己，写出自己的诗。

### "立人"读书沙龙：海子其人其诗大家谈

"面朝大海"如何看得见"春暖花开"？10月11日晚，谭五昌教授、湘西著名本土诗人刘大兴一起做客第二十一期"立人"读书沙龙，与百余名校内外书友畅谈"活在珍贵的人间——海子其人其诗"。

刘大兴以"从海子的诗歌中寻找心中的桃园"为主题，以海子诗歌

《面朝大海，春暖花开》为范文，从题目、结构、语言三大方面对海子的诗歌做了赏析，并结合他的人生命运进行剖析。他说："读海子的诗，我的心情是沉重的，他的诗，他的生活，他内心的孤独，像一只看不见的手，一直在折磨他。"他认为，海子的诗歌里有两句完全可以诠释海子的宿命：命运在看不见的地方看我，我却永远也看不到他。而"面朝大海，春暖花开"是一种海市蜃楼，这种海市蜃楼是海子所能感受到的一种明丽的幸福感受。

谭五昌教授认为，天才、早慧，生前寂寞、死后光荣，独特的爱情经历与情感状态，与众不同的自杀方式，这是海子天才表现的四种形式。他从乡村情节、女性崇拜情节、天才意识、死亡意识与死亡情节、理想主义情节五大方面对海子天才诗人的心理结构与精神状态进行了细致分析。他指出，海子诗歌具有纯粹的抒情性、鲜明的音乐性语言的民谣化倾向、意象的独创性、丰富出色的想象力。"海子不能说是一个伟大的诗人，而应该说是一个有伟大抱负的诗人。"

文学与新闻传播学院覃新菊教授对海子也进行了解读，她多次高声朗诵海子的诗歌，指出同学们读海子诗的误区，并鼓励大学生积极写作。

"校园里同学们都在读诗、写诗，到处都洋溢着诗歌的味道！"一位同学感叹道。

# 田涌、毛光辉先生做客立人读书沙龙谈《城殇》

2015年10月25日晚，一场主题为"《城殇》（诗画）创作谈"的第二十二期"立人"读书沙龙吸引了校内外数百名书友。多元艺术家、策划策展人田涌，著名画家、我校客座教授毛光辉与书友一起品画、品诗、品人。

讲座开始，一幅水墨《城殇》作品徐徐展开，田涌为书友展示了已消失三百余年的以老司城为题材的画作《城殇》。毛光辉现场点评说，这幅画用焦墨干画法，描绘了一座具有沧桑与历史的老司城，画作突出了素描关系的对比，兼有西方绘画的观念和中国绘画的形式，恰到好处地产生了丰富的层次效果。"如果拥有自己的符号，自己的表现形式，可以开创一门田氏画法。"毛光辉笑着对老朋友提出建议。

谈到对田涌的印象，毛光辉脱口而出："第一印象是他头发比我长，同为艺术家他比我更艺术。"在观众的笑声与掌声中他回顾了与田涌因拍一部电影相识，又因才华和书画相知的故事。毛光辉高度评价了田涌年轻时创业、开公司的魄力和对朋友的热情慷慨。

"所有的毁灭，都是因为那八百年以前的初衷。"田涌用雄浑厚重的声音朗诵了《城殇》，巴人与土家族的血脉关系，搅动了他灵魂深处的原始无意识情节。他深深地热爱湘西这片土地，创造八百年辉煌历史的老司城的悄然陨落让他不断反思，尽心尽情地临摹"城殇"情怀。田涌从诗的形象、意象、结构方面阐述了他创作诗歌的见解。他说，创作诗歌一是要有灵感，要有感情基础；二是要自觉地将情怀和现实隔离开。随后田涌还向大家分享了他九次手稿和数度往返老司城的创作花絮。

在互动环节，书友们就诗歌创作、绘画、摄影踊跃提问，嘉宾一一作了回答。"听了嘉宾的叙说与解答，有三个沉甸甸的词铭刻在我心中，那就是'爱''情怀''责任'。我们应该用爱与情怀，扛起历史的责任，写下雄浑的生命的诗篇！"主持人胡建文副教授的总结为本次读书沙龙画上了圆满的句号。

# 袁云初副教授纵论"大国兴衰"

2015年11月8日晚,我校袁云初副教授作客立人读书沙龙。他畅谈国际形势,纵论天下风云,时而激情飞扬,时而幽默风趣。雅致温暖的沙龙室内,数百名来自校内外的书友齐聚一堂,听他用带有常德口音的普通话为书友们传道、授业、解惑。沙龙室内和阶梯上都坐满了人,为了听袁云初副教授的讲座,有的人站着听了两个多小时。

### 思想锋利,纵论天下风云

袁云初副教授以独特的视角解读国际政治。他指出,大国就是地大物博、人口众多、资源丰富、军事力量强大的国家,那些所谓的大国的兴起建立在对外极度扩张和其他国家政治经济发展不平衡之上。他从"知足""搭车""不当头"三点来谈美国兴衰对中国的启示,他指出中国现阶段要埋头发展,强大自己,不能高调,要韬光养晦。针对中国如何走出兴衰的怪圈,他提到要坚持经济方面的创新,走中国特色的社会主义道路。

谈到中国现在的国际地位,袁云初副教授说中国现在处于一个相对比较尴尬的位置。美国是世界老大,虽然美国的经济发展曾陷入低迷状态,但是经济实力还相当强,仍然不容小觑。美国在20世纪时,全国GDP全球第一,"杜鲁门主义"的出台标志着美国正式地由幕后走向前台。

他列举了20世纪60年代曾经荣登世界第二位的日本,分析了美日两国间的关系和两国分别在东亚地区的影响力。他说中国是文明国家,也曾是四大文明古国之一,孔子的"以和为贵""中庸"等思想深深影响着中国人。他引用邓小平的一句话"中国人的血液里就没有称霸"来说明,中国是一个融合现代文明与古代文明的国家,是一个有良好的文化积淀的大国,所以中国是不会称霸的。他还提出,文化产业的发展是民族复兴的关键,我们国家要大力发展文化产业,提升自己的文化软实力。

## 观点独到，专家答疑解惑

在提问环节，在场的师生纷纷提出自己对于当前国际形势的观点和疑惑，袁云初副教授为书友们进行详细解答。

问：中国的民主应该怎样落实？

袁：民主不仅仅是一个制度，也是一种观念。民主有几个层次：最高层次是国家制度；另一种是观念和行为；还有一种就是炒作方式。我们要将中西方的民主结合起来，不能完全否定西方的民主，更不要否定我们自己的民主。中国应发展自己的社会主义民主。各种文明应相互借鉴，相互学习。我们应多思考如何在政治经济文化各个领域去发展去健全，就是我们习总书记讲的那句话："空谈误国，实干兴邦"，我们每一个人都需要不懈努力和奋斗。

问：怎么解读"习马会"？怎么看待两岸未来关系走势？

袁：统一是中华民族复兴的必备条件之一，为了实现中国梦、实现祖国的伟大复兴，中国的统一是必然趋势。习总书记和马英九见面，应该讲我们对马的评价是比较高的。这七年多来，海峡两岸能实现和平发展，马英九功不可没。

问：中国现在的发展模式是一个高能、耗重、污染的模式，您对这种发展怎么看？

袁：我们现在如何来在发展中保护、在保护中发展。所有的经济发展模式对环境对生态或多或少都有一定的破坏作用，看我们怎么去取舍。到底是先发展经济还是先保护环境，用我们中国人的观点就是在发展中保护，在保护中发展。温家宝总理曾提出了还是以经济发展为优先，至少应该把经济发展摆到第一位。我们需要继续探索一个好的方法，将二者结合起来。

## 交流反馈，书友热情高涨

现场的书友来自校内外各个行业：有我校学生，有退休老教师，有师范学院的学生，有同学介绍来的，有毕业之后专门来赶来的。数百名书友齐聚一堂，活动现场掌声雷动。

参加活动的学生纷纷表示听了袁老师的分析之后，认识到中华民族伟大复兴之路漫漫，大学生任重而道远，我们需要好好读书，为祖国的复兴贡献自己的一份力量。

2013级新闻班的周燕珊来过一次读书沙龙，留下了深刻印象。她说："袁云初老师是我最喜欢的选修课老师，他讲的东西很实际，并且有个性、有观点。袁老师对于国际形势的解读告诉了我，做什么都不应该头脑发热，而应该冷静地思考，理智地分析。"

吉首市三小副校长彭永凤是读书沙龙的常客。她说，听了袁老师的讲座，她再次坚定了中国复兴的信心，读书是不同思想的交流碰撞，读书沙龙是难得的交流读书心得的机会。

文学与新闻传播学院一位姓徐的学生说："第一次上袁老师的形势与政策课就被他的博学征服了，这次听完袁老师的讲座后，发现袁老师不仅有对当前国际形势有独到见解，而且有非常扎实的国学功底。听了讲座后，爱国之情油然而生。"

吉首大学师范学院的向敏敏老师专程从师范学院赶过来听讲座。她说，因为她所在的学校例会时间和读书沙龙时间冲突，所以碰到特别喜欢的主题她会跟学校领导请假来读书沙龙。她激动地说读书沙龙让她受益匪浅，她经常在课堂上跟学生提读书沙龙，她觉得读书沙龙这个平台这个可以增加学生的文化修养，这正好和师院重视技能的做法互补。

## 张小林博士谈"触摸山水的侠骨与柔情"

行走于山水间，会有怎样的敬畏与感动？2015年11月22日晚，张小林博士做客"立人"读书沙龙，从雷殿生的《十年徒步中国》谈到王石的《道路与梦想》，分享了自己徒步旅行的经历与感悟。文学院党委书记田茂军教授应邀参加沙龙，沙龙由胡建文副教授主持。

张小林先是带领现场师生做了一个五秒钟人到底能拍几次手的游戏。通过游戏，他说，通过不断地练习，人是可以不断超越自我的。而不断挑战自己、超越自己，也正是户外运动带来的乐趣。

张小林讲述了首位成功穿越罗布泊的勇士雷殿生在旅行途中穿越了高原、峡谷、森林、草原、沙漠、戈壁和无人区，夜宿西藏阿里无人区，在神农架生吞蛇肉充饥，曾历经泥石流、雪崩、沙尘暴和龙卷风，数次险些丧命的经历。他还讲述了万科掌门人王石在52岁时成功登顶珠峰，成为中国登上珠峰年龄最大的登山者，并于2000年创造了中国飞滑翔伞的最高纪录。

在活动现场，张小林分享自己徒步翻越雪山、穿过沙漠、过溶洞的感悟。他说，他在户外运动中感受到大自然的鬼斧神工，油然而生敬畏之心。行走大地是一种修行，人们可以在行走中，学会协作、环保、感恩，变得更加坚韧。

在互动环节，现场读友积极提问与发言，有读友咨询徒步行走所需的准备和技巧。张小林说户外运动有一定危险性，他不提倡个人徒步，"一场说走就走的旅行"在户外运动中是行不通的。进行户外运动一定要与一群志同道合的人组团进行，并且要对自己进行有针对性的训练。

"要么读书，要么徒步，灵魂和身体总有一个在路上。"最后，张小林用这句话鼓励青年学生们走向户外，读万卷书，也要行万里路。

# 覃新菊教授谈"先锋的沉寂与盛放"

2015年12月5日晚,本学期最后一期"立人"读书沙龙在总理楼四楼举行,我校文学与新闻传播学院覃新菊教授从文学流派的视角看第九届茅盾文学奖,谈先锋的沉寂与盛放。

覃新菊给书友们解释了诺贝尔文学奖、茅盾文学奖、鲁迅文学奖三者的区别。她从文学流派的视角介绍并分析了"先锋五大家"——余华、苏童、格非、洪深、马原的作品以及创作过程,并谈了自己的感受。她以王蒙为先锋作品献身六十年为例,阐述了生命苦短而艺术长青的道理,以及文学需要沉淀和积累的理念。

她纵观先锋流派三十年历史,讲述先锋的沉寂与转型。她指出,先锋艺术需要回归文学本身,原因有三:一是先锋艺术与接受主体的距离太大;二是受到网络文化、快餐文化等商业化的冲击;三是先锋艺术作品传达的"虚无"、人性灰暗等理念对社会有不良影响。

先锋文学该如何进行突围?覃新菊表示先锋文学虽是舶来品,但是先锋文学有着从高处着笔、结合社会现实发问的"中国特色",这让先锋文学进行了转型,并让它具有新的特点。转型之后的先锋文学有四个特点:一是将侧重点更多地转移到边缘人、普通人身上,更接地气;二是其写作手法的反讽意味更加强烈;三是融入了民族化、民间化的元素,使作品更加"中国化";四是具有了强烈的主体意识。

在活动现场,覃新菊用两只刺猬相互取暖的故事生动地比喻文学与现实的关系,她强调文学与现实要掌握好度。覃新菊将先锋文学比喻成一棵大树,她说先锋文学不断向下扎根,盛放为茅盾文学奖。

在互动环节,书友们各抒己见,并提出问题。湘西本土作家九妹说读书使人善良,先锋文学的本质是通过揭露社会黑暗唤醒人性的善意。来自师范学院的一位女教师说,很感谢"立人"读书沙龙为爱读书的人提供了这样一个平台。

(以上由学生记者瞿愉寒、宋林凤、张欣、孙立青、武景、杨思逸、袁宏宇、罗荣杰、陈永行、牟晓梅、陈小玲等采访报道)

立人读书沙龙（2015年卷）

## 第六辑 沙龙反响

　　余秀华在诗歌《爱》里写道：我在这里，在这样的时辰里，世界把山水荡漾给我们看。同样，我在吉大，在这样的时节，"立人"读书沙龙把诗歌带到我的身边。在这里，诗歌在殿堂之上，又在讲堂之下。

——翟玉梅

# 读书修德立贤人
## ——"立人"读书沙龙大家谈

### 读书修德立贤人

◎ 郭东勤

一个人单是活在自我的世界中,所学的知识太有限,所知的道理太浅显。我们需要拓宽视野、放眼天下,听诸子论感悟,闻百家讲心得,从不同的角度看立体多维的世界。立人读书沙龙给我们提供了这样一个平台,它云集了诸位大家,谈古论今,教我们明理悟道。

立人读书沙龙教会我们求真。诸位大家前承先贤哲思,取其精华,弃其糟粕,寻根求源,科学论证,只为拂其瑕疵,呈现真知。我们乘风借势,免过程之艰难,直达真的境界。

立人读书沙龙教会我们向善。诸位大家妙趣横谈,肃庄纵论,博古而论今,于春风化雨中引导后生向善。我们在聆听后知善恶、明是非,才能做到内怀良知仁爱,外扬崇德向善之举。

立人读书沙龙教会我们崇美。诸位大家挥洒文采,尽显儒雅风流;清谈玄论,方见大美意象。我们于视听的盛宴中受到美的濡养,方能净化心灵,洁化灵魂,做至美之人。

通过立人读书沙龙,诸位大家承继中华优秀传统文化之精髓,发扬时贤哲思妙理之精华,启迪我辈后生修德成贤,积极入世,于求真向善崇美中,做到见自我、仰天地、度苍生。

## 另一种感动

### 杨思逸

很幸运地参加了学校名著读书会组织的"立人"读书沙龙第一期活动，感受到大家思想的碰撞，我很感动。在这里，我们不再沦落为"低头一族"，而是学会了抬起头来表达自我。天马行空的想法、个人的经历和感受，都可以作为你侃侃而谈的谈资。没有人会在乎你说的对错与否，只要你足够勇敢，就可以和大家分享你自己的喜怒哀乐。以前觉得老师永远是站在高高在上的位置上，可是在这里，他们都是我的"书友"，是引导我在文学世界里遨游的良师益友。你可以反驳老师的观点，可以表达自己的想法，可以向老师发问，可以和老师交流。在这里，我学会了聆听，学会了思考，更学会了表达。

作为一个文学院学子，我很少安静地坐下来去读一本书，我深感惭愧。人总是喜欢怀念，而我怀念的，是过去挑灯夜读、伏案写作的身影；怀念过去深夜从图书馆出来抬头望明月的舒畅，怀念过去省吃俭用只为了买一本书的执着。现在的我，再也不用偷偷摸摸在高中的课堂上读小说，再也不用吃一个月的馒头来存钱，再也不用骑着几个小时的自行车取租书。可是，现在的我却再也没有了读书的欲望，总是以没时间为借口来自我聊慰，其实是自欺欺人。时间就像海绵，挤挤就会有的，我比谁都明白这个道理。

曾经在书本上看到过这样一句话：当你的才华撑不起你的野心的时候，就静下来读书吧。今日写上此话，与君共勉。要知道，读书，从来都是进行时。

## 我眼中的立人读书沙龙

### 慎 言

关于立人读书沙龙活动，我想讲一下我印象最深的一次经历和我的所想、所感。

## 第六辑　沙龙反响

余秀华穿越大半个中国来吉大的那两天，我还在大田湾校区，周六晚上我在砂子坳校区参加了余秀华主讲的"立人"读书沙龙活动，聆听了一位脑瘫诗人的创作经历，很受启发，也明白了一个道理：命运给了你一个比别人低的起点是要你用一生的努力去拼搏出一个绝地反击的故事。社会并不是公平的，有些人出生时就含着金钥匙，而有些人出生时一无所有。但我们不能抱怨，家境不好，并没有斩断一个人所有成功的可能。余秀华就是在命运的最低点，以诗歌为杖，摇摇晃晃地在人间奋然前行的诗人。活动结束后，我和其他同学一样纷纷上前与她合影，并厚着脸皮要了她的签名。周六上午又参加了刘年诗歌朗诵——"湖畔吟诗"活动。这两天来往于新老校之间，乐此不疲，忙碌并快乐着。

从大一在大田湾校区开始，每周周末晚上必做的一件事就是去砂子坳校区参加"立人"读书沙龙活动。不得不承认，"立人"读书沙龙活动已经打造成了吉首大学无人不知的有影响力的活动品牌，每周周日都会聚集来自吉大、吉大师院甚至校外知名人士前来参观，几乎场场爆满。

为什么"立人"读书沙龙活动那么火爆呢？我认为主要有三个方面的原因：第一，我们学校主打"立人"教育，"立人"读书沙龙活动的举办深得人心，深受老师和学生的热爱；第二，"立人"读书沙龙活动所请到的人物都是校内外知名人物，所讲内容丰富多彩，同学们也喜闻乐见，受益颇多；第三，组织"立人"读书沙龙活动的胡老师有独特的个人魅力，主持风格别具一格。

以上是个人愚见，但为真实所感。最后感谢"立人"读书沙龙，让我的大学生活更加丰富、更加充实。

## 恰是读诗好时节

**翟玉梅**

诗歌怎样影响一个人？我们与诗歌的距离有多远？我们与名人的距离又有多近？带着这几个问题，我参加了余秀华做客的"立人"读书沙龙。早在这个活动之前，诗人余秀华在网络上已经是一个名人了，她的诗歌让人耳目一新。

"穿过大半个中国来睡你"这几乎赤裸的情欲却让人觉得并不粗俗，仔细想一下竟然还能琢磨出诗意，于是大家就这样想起了诗歌。原来我们在表达自己的时候有的不止是网上说烂的流行语，或者背几篇民国大师的情书附庸风雅，我们还有诗歌。似乎是八十年代才是个写诗的年代，他们以诗歌为支撑、为全部。而如今诗歌是另类、是毒药。在这个社会环境下我们济济一堂讨论诗歌，仿佛回到了那个浪漫的年代。

读书沙龙的气氛非常活跃，诗人余秀华在我们身边，她带着诗歌的灵气和乡村女人的朴实静静地坐着。我有幸在提问环节得到与诗人面对面的机会。我问她苦难是怎么影响她的诗歌创作的，她说苦难也是上天给我们的一种赐予，因为身体的疾病，她的心灵感觉更加敏感，她安心地写诗，可以从另一个角度去看世界。她的语言不甚流利，可是我们都懂，诗里的她傲气又悲悯，偏执又温柔。

余秀华在诗歌《爱》里写道："我在这里，在这样的时辰里，世界把山水荡漾给我们看。"同样，我在吉大，在这样的时节，"立人"读书沙龙把诗歌带到我的身边。在这里，诗歌在殿堂之上，又在讲堂之下。

## 手握一卷诗书触摸尘世的幸福

### 周改玲

今年10月11日，我参加了一期母校组织的立人读书沙龙，这一期讲述的是诗人海子。当天，沙龙的争论焦点一环扣一环，当谈起诗人海子诗歌中所蕴含的死亡意识时，我便联想起前不久我阅读过一篇关于余秀华的文章，女诗人面对别人的提问时说，若让她在写诗出名与幸福之间选择，她只选择后者。当时，我的心里被一股凉气笼罩。难道把一生笃定交给诗歌的人，就不能获得尘世的幸福吗？我思虑了很久。

直到覃新菊老师拿起话筒说："我们不仅要读诗，我们还要写诗，让心灵变得柔软充实，我们更要用双手去触摸人世间的幸福和快乐。"

那一刻，我又惊又喜，终于有人和我的观点一模一样。

读书沙龙结束后，在回家的路上，我的心中充满喜悦。那一夜的酉水河，灯火如帘，宛如在我的梦中摇曳。"妇人之衣，不贵精而贵洁，不贵丽而贵雅，不贵与家相称，而贵与貌相宜。"（清·李渔《闲情偶寄》）女子一生不与容颜为伴，应与诗歌典籍为友，以文字入眼，以意境情致入心，墨香亲润的胸怀宛若白荷，静若森林。一个女人一生不仅仅触摸着世俗的事物与幸福，更要时常手握书籍与笔，带着那一份睿智、浪漫与年华偕老。

## 读书沙龙感悟

### 陆　瑶

知的越多，未知的越少，未知的边界越大。唯有不断地进行思想碰撞，方能补充未知的领域。

以前的自己是不敢提问的，生怕提的问题太弱智，一不小心暴露了自己的无知。可越不敢提问，思路越狭隘，越局限于自己的小世界。后来长了教训，尽管提的问题依旧幼稚，脸皮却厚了起来，敢于和别人交流自己的思想。倒不是想出风头，只是觉得对同一个问题的不同见解可以弥补自己思想的缺陷。再后来，思想似乎又回到了原点，明明有话想说，可话到嘴边又咽了回去，原来有些问题在书上是可以找到答案的，反倒是老师的解答并不能满足我的需求，于是，又选择闭口不言。"呜呼，吾不言也"！

整个读书沙龙进展到后来，我竟陷入自己"言"与"不言"的困境中，听到大一大二的学弟学妹争相提问，问题虽然幼稚，但看着一张张无畏的脸庞，竟有些许感动。允许我矫情一句，年轻真好！

读书沙龙让我受益匪浅，越发觉得自己读书甚少。愿读书沙龙是那张闹市中可以安放的"书桌"。

## 如今我们有梦

兰 烁

忘了是什么时候，发觉了自己对文学的热爱。经过了很长一段时间浑然不知的喜欢，回过头来才意识到，浑然不知，原来才是一个人真正的热爱。

"立人"读书会开办不久，或者说从我知道有这么一个活动起，几乎每次我都准时到场。怎么样形容那段日子呢？每周都怀着对周日的期待。每次看着离我不远的讲师在台上侃侃而谈的样子，我心里的文学梦，仿佛在若隐若现里，又清晰了几分。

刘泰然老师讲李泽厚《美的历程》，我提前把书浏览了一遍，然而真正听他讲的时候，又觉得自己看的好像并没有什么意义，他会把你的思维重新扩散般，引领到一个深入而有趣的区域。刘泰然老师是我非常喜欢的老师之一，他上美学课的时候我经常去旁听，有一次还被误认为是刘老师带的研究生，我只好暗自乐呵。

还有印象深刻的一次是张建永教授讲沈从文与丁玲的恩怨，文坛这种八卦轶事，大家聚在一起七嘴八舌地聊，像极了老友见面。我读过沈从文和丁玲的不少作品，私以为作家和作品不应该被放在一起生活化地评价。首先是因为作家生而平常，有着人性的一切本质；而作品，是作家在一定程度上放弃了自我而成的艺术结晶。张建永教授非常幽默、健谈，尤其记性特别好，他讲完了之后观众们依旧回味无穷。这也是我喜欢立人读书会的原因之一，气氛融洽，一如家常。

真希望在有生之年，或许我也有机会，做一个在文学上不断求索的人，再不用如北岛所言："那时我们有梦，关于文学，关于爱情，关于穿越世界的旅行。如今我们深夜饮酒,杯子碰到一起,都是梦破碎的声音。"

## 致立人读书沙龙

### 廖晓渝

我在张家界校区这边,离本部有两个小时的火车距离。有时觉得自己像是被抛弃的孩子,有时又认为这是上天给我的恩赐,因为在张家界校区几乎没有关于诗的气息。我是奔着诗歌去的,然后在晚上很幸运地赶上谭五昌教授说海子。在"立人"大讲堂里面,已经形成一种学术气质,就像蕙质兰心的少女。

跟你说吧,我只见过你一次,但是就此种下了很多思念,现实的距离产生美,这不过是对自己的安慰,也是一种无奈。我逃不过世界的喧嚣,也想迷失在爱情里,但心中总是周期性地出现一些思想的空洞和麻木,其实这些我都想对你说。

几张茶几,一杯清茶,两本诗词,两三个朋友,聚在一起就是一场盛宴,比城市的烟花要漂亮,比小吃街的味道要香。凡是心灵有一点干燥都可以在你那得到滋润,通过分享,快乐开始怀孕,周期很短很短,周围的空气都触碰着快乐的孩子。我想给你画一个笑脸,旁边还画两滴眼泪,然后一起谈诗,诵读一本心经,听你讲故事。

我睡不着的时候就幻想和你一起说话,我们谈理想,谈今天发生的一切。我自信地站在你的面前给你讲:发生过的一切不一定是最好的,但我相信这是最好的安排;我喜欢的女孩,我要一段漫长的时间来为你书写,用更长的时间来观察;永远追随自己的内心,可以为一件事情一直奋斗到终结,一直不放弃自己,我会以最坚强的姿态站在时间的旁边。

我还有很多话要给你说,"立人"读书沙龙,我们虽只如初见,但是在第一次见面的时候却有一种故人的感觉,对于这种不能解释但美好的东西，我就称它为缘分吧。至少我会在大学里对你一直思念，希望你越来越美丽，讲述更多生命的精彩，让快乐生更多的孩子。两个小时的火车程，我还会去买票的，晚安！

## 好书难得，推荐人亦难得

### 欧阳仕君

读书应当需一个时机。读早了，也许会读偏，也许读不懂，也许根本不想读。

当我们对这个社会充满最大爱意的时候，有人教我们读鲁迅的杂文和小说。不知道我的同学现在会怎么理解，至少我当时是没有读到作者对这个社会的爱，读到的是绿林般的快意恩仇，读到的是刻薄和攻击。

当我们干净得像一张白纸的时候，有人教我们读《论语》。没有见过恶，又怎能理解善？没有见过山崩，又怎能识水长？如是，孔夫子的"仁"，怎能在我们心中惊起一丝波澜？

编教材的老师水平自然很高，选的又都是传世之作。可是，他们太着急，急于把一些好的东西塞给我们，结果我们在应付完考试之后却把孔子和鲁迅的书籍都放在书柜上蒙尘。

毁掉一个火种的办法，不一定是水，还可能是压得它密不透风的干柴。

呜呼哀哉！

幸好我在毕业5年后再一次跑回母校参加"立人"读书会，听唐生周教授讲《论语》。唐教授从全书中取一义，寻章摘句，旁征博引，一字一句，缓声细讲。坐在台下的我像夏日听溪流，像秋日看夕阳，赏心悦目，醍醐灌顶。

原来，《论语》不枯燥，"仁"并不空泛。

听完这一课，我回去就买了唐教授推荐的《论语译注》。早几年还索然无味的书，现在变得生动。我似乎能够走进书中，听孔子训示他的学生。

爱上一本好书，原来中间还隔着一个合适的推荐人。我想跟我的师弟师妹们说，"立人"读书沙龙吧，谁知道那里什么时候就坐着这么一个人呢。

## 感谢立人读书沙龙

### 龚楚晴

已经不知道是第几次参加读书沙龙活动了。第一次来总理楼四楼研究生读书沙龙教室，就爱上了这个地方。慵懒而不失优雅的淡黄色灯光、空旷偌大的教室随处闲散而又似乎刻意地摆放着茶水桌与四脚凳。这个自由而让人舒适的环境便告诉了来这的人——这里是个学术交流、知识交流、畅所欲言、表达你心中所想的地方。

我今天十分刻意地拿了笔记本，带着十足要学点什么东西的决心来的。作为汉语言文学师范类学生，写得一手好文章是起码的职业素养。

而今天，在讲台上的覃菊英老师也许就正是这样的一个指路人、一个台阶，她让我的写作技能更上一层楼。

她说散文，不是光形散而神不散，而是一种散步，是一种随心而行、随感而发的感触。

她说文的题目，不应是虚张声势的"大旗"，不要空泛广阔，而应贴近文意、紧扣主题。

她说文章，要有感情，要有深度。没有感情，没有灵魂的文章终究是一片没有水源的干巴巴的沙漠。

……

如上所云，所有覃菊英教授的演讲我都悉数作了笔记。

不得不感谢今天能够于百忙之中抽出时间，特意从张家界花了两个多小时赶来的覃老师给我们上这堂让人受益匪浅的课。

也很感谢读书沙龙为我们这些莘莘学子提供了一个平台，让我们接触到很多知识，为我们放宽了眼界，打开了新的大门。

希望这样的活动多多开展，也希望自己能够多多参与，向各位老师、前辈们学习，与各位同志盟友们切磋交流。

## 感动和敬佩

张　欣

听覃老师的讲座，我感受到了文学的热情，她对语言的运用很精妙，那是一种我写不出来的美感。讲座时，她时刻充满激情。文学是什么？她说，看到了苏童、王蒙的秃顶、枯瘦、白发，似乎就看到了文学的样子。书友们听到这句话不禁笑了。可是文学就是这样，创作是一份执念，在生活中写着生活之外的执念，如覃老师所说，文学的创作是寂寞而纯粹的执念，文学需要积累，需要沉淀。

记得 PPT 上有一句话：阅读让我看见世界。在覃老师妙语连珠的讲解中，我仿佛触及了阅读的或喜或悲，感受到了人性的善恶和沧海桑田。

学问越深便越严谨，这是我在覃老师身上感受到的。对于非专业的学生提的问题，她也用专业的态度去对待。当我问到她怎样写小说时，她说，她没写过小说，是非专业的，不敢随便发言。其实，我提这个问题不过是想让她大致指点一下，可是她严谨的态度让我深深地感动和敬佩。

## 习　惯

石慧琳

2014 年，我停在"立人"读书沙龙的海报前，心想，那天晚上定会去参加。同学说，读书活动好"高大上"啊！你去我就不去了。于是，刚刚萌生的念头就被打消了，还是不去了吧。

2015年4月12日晚，学术沙龙室门口。我偷偷地向里看了一眼，人不多，但是透露着学识渊博的气息。沙龙室的装潢古典，以怀旧的黄色为主色调，室内摆放的座椅是一桌两椅包围式。我被厚重的文化气息怔住了，于是我又灰溜溜地返回了。

2015年10月11日晚，北京师范大学谭五昌博士莅临读书沙龙。至此，我已经参加过很多次读书沙龙了。我曾经梦想过去北京，而今就算还去不了也没有遗憾了。因为我近距离看见了北京师范大学教授，也算让北京离我近了点。谭五昌博士和大家一起谈"活在珍贵的人间——海子其人其诗"。曾经以为海子诗歌永远都是"面朝大海，春暖花开"那样阳光、积极。实际上海子的诗歌很多都具有悲观主义色彩，《面朝大海，春暖花开》只是诗人死前的一首美好积极的诗。既然有"乐极生悲"，那么也可能会有"悲极生乐"。或许，海子的《面朝大海，春暖花开》就是悲的极致体现。那一期我收获了很多，不仅了解到了不一样的海子和其他众多诗人，也收获了一句话——天空一无所有，为何给我安慰。这是覃新菊老师分享给我们的一句海子的诗。这值得深思。

如今，读书沙龙已成为一种声音，文化的声音、文学的声音、名家大师的声音，即使很远但依然听得清。而参加读书沙龙已成为一种习惯，像洗脸、像吃饭，很平常但不可或缺。读书沙龙每一期都是一场文化的盛宴，可以洗涤灵魂，为我们提供精神食粮。原来，它真的像洗脸、像吃饭，让人精神饱满，容光焕发。

# 吉首大学"立人"读书沙龙：浮躁时代中听读书的声音[①]

张 欣

"余秀华老师……"

"请叫我余秀华同学。"吉首大学"立人"读书沙龙上，余秀华天真烂漫地笑着。

随着诗歌在微信圈的爆红，草根诗人余秀华成了2015年中国文坛的奇观，各种采访和活动纷至沓来，她的档期已经安排到一个月以后。忙不过来的余秀华推掉了很多活动，包括央视的一档节目，却义无反顾地来到吉首大学参加"立人"读书沙龙。

### 打破一言堂，营造学术氛围

"老师，关于《美的历程》这本书中提到的观点我是这样理解的……"

学术沙龙室内，嘉宾主讲后进入了自由讨论环节。

"立人"读书沙龙策划人胡建文老师一边主持"立人"读书沙龙，一边沉浸于浓烈的学术氛围中。

说起第一期读书沙龙的举办，胡建文老师还历历在目："第一期读书沙龙大家都以为参加的人数不会太多，因为以前类似的活动并不是没有做过，也就十几个人，但是结果却出乎大家的意料，一下来了五六十人，会议室根本坐不下，有的就站在门口听。"

"我觉得现在的学生并不是不读书，而是缺乏正确的引导。所以一

---

[①] 原载"华声在线"。

位优秀的主讲嘉宾和自由的学术氛围很重要。"他谈到了举办"立人"读书沙龙的经验。

每个周日晚上，学术沙龙室内便聚满了人，"立人"读书沙龙在这里如期举行，期间有全国优秀教师唐生周教授"读《论语》，悟人生"，讲授"孝""忠""恕""仁""刚"的传统道德在今天的意义；吉首大学原正校级督导张建永教授讲述"如何跟上互联网时代的节奏"；"楚天学者"罗康隆教授从生态人类学角度谈"文化的变迁"；原沈从文研究所所长向成国教授解读沈从文《湘行散记》，带书友们领略湘西这条美得令人忧愁的河；北京师范大学中国当代新诗研究中心主任谭五昌教授谈海子其人其诗；马克思主义学院袁云初教授激情飞扬论道大国兴衰；"体育文化人"张小林博士讲授户外运动，教我们"触摸山水的侠骨与柔情"。

著名诗人刘年、余秀华的到来，让读书沙龙氛围愈加浓厚，沙龙室内，书友们不自觉地挪动椅子，紧紧围靠在刘年和余秀华身旁，和他们聊诗歌、聊人生。为了听清余秀华的讲话，文学院覃新菊教授离开自己的座位，蹲在余秀华的座位旁边，侧耳听着余秀华所说的每一句话并记录在本子上。

从长沙赶来参加沙龙的诗人雪马，特地请湖南青年书法家协会副主席、著名书法家范晓亮先生写了"心秀文华""书以养人"的书法作品送给余秀华和"立人"读书沙龙。

一位来湘西旅游的湖南第一师范学院学生，听说余秀华、刘年要来吉首大学，她立即改变了行程，来参加这次活动。她说，这次意外的相逢，让她的旅程增添了几分文学色彩。

由于参加读书沙龙的人数越来越多，工作人员加了30多个椅子但是仍然不够，楼梯也成了书友们充分利用的空间，有站着的，有坐着的，但是现场没有一丝嘈杂的声音，只听得见笔记的沙沙声和书友拍 PPT 的声音。

### 拓展外延，风雨湖畔吟诗歌

为了满足同学们的求知欲望，"立人"读书沙龙充分拓展，创建了另一个品牌活动——湖畔吟诗，并成功举办了八期。

湖畔吟诗活动一是提倡"早起是一种态度",督促学生早起读书;二是把经典大声地读出来,读出一种精神;三是锻炼大家当众讲话和口头表达的能力。

首期湖畔吟诗不仅吸引了各学院学子参加,而且不断有退休老同志和校外诗友加入。吉首大学原副校长张永康宣布首期湖畔吟诗正式开始之后,首先吟诵了一首艾青的《当黎明穿上了白衣》,年过八旬、精神矍铄的退休老教师向鸣坤手把手地教大家进行太极健身;吉首大学学报编辑部陈伟博士和报社副社长胡建文副教授分别吟诵了自己的原创诗歌;特地从乾州赶来的校外诗友龙漩吟诵了杜甫的《望岳》。最后,首期"湖畔吟诗"活动在大家集体吟诵毛泽东的《沁园春·雪》的豪迈、洪亮的声音中结束。

第八期湖畔吟诗活动举行了湘西本土诗人刘大兴诗歌朗诵会,北京师范大学中国新诗研究中心主任、著名评论家谭五昌,湖南省人大常委会教科文卫体委员会主任、湖南省诗歌学会会长梁尔源,湘西州作家协会主席向启军等与全国各地数百名诗友齐聚风雨湖畔。

"我打开自己,打开心中的花园,打开秋天,打开湘西的神秘,邀请朋友们来相会。"刘大兴用诗意的语言说。

风雨湖畔,诗友们一起为诗歌加油助威,胡建文的《让时光慢下来》慢而凝重,苏曼的《比流泪更为重要的事情》款款深情,覃新菊的《将用我的伤来安慰你的泪》高亢激情,张林芳的《随便走走》低沉舒缓,彭盛之的《阳光突然拐弯》磁性雄浑,湘西梅子的《月亮在落叶下洗澡》清美悠扬。而杨胜流着泪水读完了《想你那么痛》,感染了一大片观众唏嘘啜泣。

很多同学更是以背诵的方式进行朗诵比赛。"居然有这么多学生可以背下我的作品,诗歌的力量真的很强大。"这让诗人刘大兴感动不已。还有校园诗人胡晶晶分享自己的原创诗集,同学们的诗歌朗诵更是激情饱满,洋溢着诗意的青春与阳光。诗评家谭五昌说:"年轻人都是诗人!"

梁尔源会长说,人生在世,要有一个灵魂,这个灵魂就是诗歌。湖畔吟诗活动把学校的文学氛围充分调动了起来,让学生拥有健康向上的心理，有爱国、爱家的情操。

吉首大学张家界校区的几位学生提前一天坐了两个多小时的火车赶来，生怕错过这场诗歌的盛会。回去后，这些学生自发组织成立了一个诗社，并请胡建文老师做诗社的指导老师，他们希望在张家界校区也能有一个像"立人"读书沙龙这样的读书活动。

### 影响广泛，读书风气从校内蔓延到校外

"立人"读书沙龙像一阵清风，把读书的风气吹遍了校园。自读书沙龙举办后，校园里各类沙龙、讲座如雨后春笋般涌现，宣传栏里到处张贴着举办读书活动的海报，校园里随处可见学生捧书阅读的场景。

文学院学生杜玉姣说："参加读书沙龙让我的眼界变得更加开阔，每次参加完读书沙龙，我都深感自己知识的贫乏，我想多读点书。"

"立人"读书沙龙总策划、吉首大学素质教育中心副主任李超说："立人读书沙龙给想读书的学生点亮了一盏明灯，彰显了文化的价值，是对学校'文化立校'的一种支撑。"

吉首大学原正校级督导张建永教授参加完"立人"读书沙龙后给予了高度评价："立人"读书沙龙是吉首大学的文化地标，是文化建设的标志性成果，是一个头脑风暴、情怀建设的地方。它能够最好地体现大学的本质，大学不是简单地知识传授，更是传道授业解惑！

读书沙龙不仅吸引了吉首大学学生，也吸引了众多校外书友参加。湘西州烟草局纪检书记向艳、湘西州作家协会副主席黄青松、湘西州青年作家《头颅中国》作者黄摩崖、湘西州委统战部向水生、《团结报》记者欧阳仕君、吉首市三小副校长彭永凤等都成了读书沙龙的常客。每期读书沙龙都有10到20位校外书友参加。

吉首大学师范学院大三学生龙聪花听了"立人"读书沙龙后，把沙龙的全程详细地记录了下来，并带回师范学院给班级同学分享。在她的影响下，吉首大学师范学院的学生也来到"立人"读书沙龙听讲座。

吉首市三小副校长彭永凤在忙碌的工作之余，一有时间就会赶来参加"立人"读书沙龙。她说："人是要不断学习的，读书沙龙是一个很

好的学习交流的平台，每次听完我都会收获新的观点新的知识。"

湘西州《团结报》记者欧阳仕君在毕业5年后再次回到母校参加"立人"读书沙龙，听唐生周教授讲《论语》。他说："唐教授从全书中取一义，寻章摘句，旁征博引，坐在台下的我像夏日听溪流，赏心悦目，醍醐灌顶。原来，《论语》不枯燥，'仁'并不空泛，听完这一课，我回去就买了唐教授推荐的《论语译注》。"

"我第一次参加'立人'读书沙龙时听众主要是学生，之后几次就增加了很多校外人士，这说明活动的影响力扩大了，吉首大学承担起了湘西州文化传播的重任。"黄摩崖说。

黄青松表示："参加了读书沙龙我感受很深，读书沙龙让我看到还有这么多老师和学生在关心学术，我很感动。"

至今，读书沙龙已成功举办了26期，被《湖南日报》《湖南工人报》《团结报》等30多家媒体报道。胡建文老师基于"立人"读书沙龙的研究项目《经典阅读与大学生思想政治教育的融合创新研究》已在省教育厅立项，还有热心的学生主动为"立人"读书沙龙设计了标志。

"接下来要录好视频，并进一步做好微信平台工作。"暖暖的阳光透过树枝轻盈地洒在地上，微风轻轻地拂动着枝条，"立人"读书沙龙策划、主持人胡建文老师和几位读书沙龙学生负责人围坐在草地上，讨论着接下来如何把"立人"读书沙龙办得更好。